AF503750

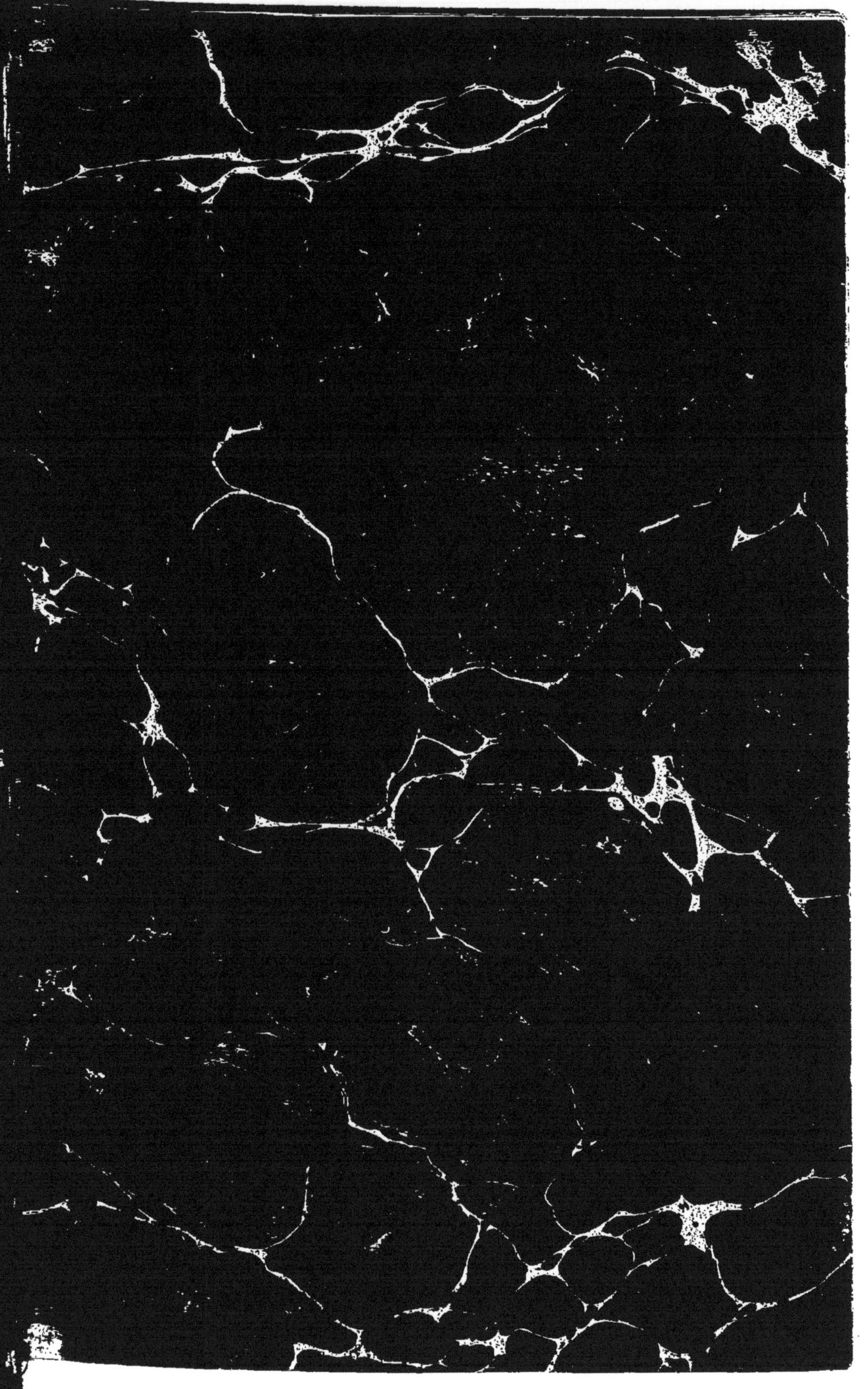

35/146

PHILOSOPHIE
DU DROIT PÉNAL

OUVRAGES DU MÊME AUTEUR.

Esquisse d'une histoire de la logique. 1 vol. in-8. Chez Hachette. . . . . 3 fr.

De la certitude. 1 vol. in-8. Chez Ladrange. . . . .   6 fr.

Dictionnaire des sciences philosophiques, publié avec la collaboration d'une société de savants. 6 forts vol. in-8. Chez Hachette. . . . .   55 fr.

La Kabbale, ou la philosophie religieuse des Hébreux. 1 vol. in-8. Chez Hachette . . . .   7 fr. 50

Études orientales. 1 vol. in-8. Chez Michel Lévy. .   7 fr. 50

Réformateurs et publicistes de l'Europe (moyen âge, renaissance). Chez Michel Lévy . . . .   7 fr. 50

Paris. — Imprimerie de E. MARTINET, rue Mignon, 2.

PHILOSOPHIE
DU DROIT PÉNAL

PAR

AD. FRANCK

Membre de l'Institut, professeur au Collége de France.

PARIS

GERMER BAILLIÈRE, LIBRAIRE-ÉDITEUR

Rue de l'École-de-Médecine, 17.

Londres	**New-York**
Hipp. Baillière, 219, Regent street.	Baillière brothers, 440, Broadway.

MADRID: C. BAILLY-BAILLIÈRE, PLAZA DEL PRINCIPE ALFONSO, 16.

1864

Tous droits réservés.

PHILOSOPHIE

DU DROIT PÉNAL

INTRODUCTION

Le but qu'on se propose ici n'est pas le même que
celui des savants jurisconsultes qui ont commenté ou
expliqué le Code pénal. Je ne veux toucher à la loi pénale écrite que pour la soumettre au contrôle de cette
loi éternelle dont parle Cicéron, de cette loi qui est la
même à Athènes qu'à Rome, et dont le texte ne se
trouve nulle part, sinon dans la raison divine et dans la
conscience du genre humain. Je n'ai pas non plus l'intention de recueillir et de comparer entre elles les lois
pénales qui ont existé chez les différents peuples de la
terre ; car ce travail d'érudition et de patience, s'il n'est
pas subordonné à une fin plus élevée, s'il n'est pas destiné à rendre sensibles les triomphes successifs du droit
sur la force, de la raison sur la passion, de la justice sur
la vengeance et les instincts féroces de la bête, de la

A. FRANCK.   1

civilisation sur la barbarie, ne peut offrir aux yeux qu'un tissu d'horreurs, de cruautés, de violences, de crimes plus odieux que ceux qu'on voulait punir, et qui, faisant l'opprobre de l'humanité, devraient être effacés de sa mémoire avec autant de soin qu'on en met à les produire au jour. Il ne peut pas être question enfin de substituer aux législations positives actuellement en vigueur un code idéal, où toutes les peines et tous les délits devraient trouver leur place dans un ordre plus ou moins rigoureux. Il s'agit de trouver les principes sur lesquels repose ou sur lesquels devrait reposer la justice criminelle et les règles qu'elle est tenue de suivre dans l'accomplissement de sa douloureuse mission. Il s'agit de réunir les éléments de ce qu'on pourrait appeler la philosophie du droit pénal.

Cette branche de la philosophie n'intéresse pas seulement le publiciste et le philosophe, portés, par la pente de leur esprit et l'objet propre de leurs méditations, à chercher dans la conscience de l'homme et dans la nature des choses les fondements invariables des institutions et des lois; elle n'intéresse pas seulement le jurisconsulte, pour qui la loi, lorsqu'il en ignore la raison, c'est-à-dire l'esprit, ne peut être qu'une lettre morte, tandis qu'il descend lui-même au rang d'un instrument sans conscience ou d'un sophiste sans conviction, prêt à servir également toutes les causes. Elle intéresse, j'ose le dire, tous les esprits cultivés; car il n'existe aucune partie des connaissances humaines où soient engagés d'une manière plus directe les droits de l'individu, la conservation, la paix, la dignité de la société et la morale elle-même, ou du moins la conscience publique, sans laquelle la morale n'est dans ce monde qu'une exilée et une étrangère, que personne n'écoute, que personne ne comprend.

Imaginez, en effet, une législation pénale sans principes, qui ne se propose, comme cela est arrivé souvent, que le triomphe ou la domination d'une secte, d'un parti, d'une forme de gouvernement, d'une classe plus ou moins nombreuse de la société, à l'exclusion de toutes les autres, que deviendront alors les formes protectrices de la justice, l'intégrité et l'indépendance des juges, la sécurité des accusés, les droits de la défense? La fortune, la liberté, l'honneur, la vie des particuliers, tout sera sacrifié au but que l'on poursuit, parce que ce but, au lieu d'être général, au lieu d'être celui de la société elle-même et de la société tout entière, ne sera que la satisfaction d'un intérêt égoïste, d'un préjugé intolérant ou d'un orgueil intraitable. Alors, au lieu de citoyens, il n'y a plus que des esclaves ; la loi n'est plus qu'un instrument d'oppression et le juge se confond avec le bourreau. Sans aller aussi loin, admettez seulement que la justice pénale, au lieu de borner sa tâche à la répression des crimes qui attaquent l'ordre social, se propose de poursuivre l'immoralité sous toutes ses formes, jusqu'au péché, ou ce qui est considéré comme tel par une religion déterminée, jusqu'aux erreurs de la pensée, ou ce qui est qualifié ainsi par une certaine science, vous verrez renaître aussitôt les procès d'hérésie et de sorcellerie, vous verrez reparaître l'inquisition avec tous ses instruments de torture, vous entendrez proclamer des édits comme ceux qui proscrivaient autrefois la circulation du sang, qui défendaient « sous peine de la hart » d'enseigner toute autre logique que celle d'Aristote, ou qui ordonnaient, sous peine du bûcher, de faire tourner le soleil autour de la terre ; vous aurez livré la liberté de votre conscience, la liberté de votre intelligence, la paix et l'honneur de votre foyer.

Si vous n'avez point de principes en matière de droit pénal, vous passerez facilement de l'excès de la rigueur à celui de l'indulgence. Attendri par une pitié trompeuse, qui n'est au fond que de la cruauté ; séduit par une philanthropie romanesque, qui n'est souvent que le plus haut degré de personnalité, vous voudrez enlever à la société tous ses moyens de défense, vous voudrez désarmer la justice et énerver la loi ; toujours prêt à verser des larmes sur le sort du coupable, vous serez sans entrailles pour les honnêtes gens. L'ordre social, sous cette influence dissolvante, n'existera plus bientôt que de nom. Le vice et le crime, assurés de trouver partout indulgence et protection, marcheront le front levé. Il faudra, comme naguère à New-York, des associations privées pour remplacer l'autorité avilie et les tribunaux impuissants ; ou l'on en viendra à marcher toujours en armes comme les aristocraties féodales du moyen âge ; on rentrera dans la servitude par l'anarchie et par la faiblesse.

Mais ce n'est pas seulement la liberté individuelle, ce n'est pas seulement l'ordre social, c'est la moralité elle-même, c'est la conscience publique qui se trouve menacée, corrompue et étouffée par une justice pénale sans principes, ou guidée par des principes faux. Lorsque la justice veut embrasser le domaine entier de la morale, elle finit par effacer toute différence entre la loi pénale et la loi du devoir. Or, comme la loi pénale ne peut jamais saisir que l'apparence, la moralité consistera à ne pas se laisser prendre, l'honnête homme sera celui qui n'aura jamais été touché par la justice, l'hypocrisie tiendra lieu de religion et de vertu. D'un autre côté, l'étendue de la peine deviendra naturellement la mesure de la moralité des actes. L'action la plus punie sera la plus criminelle ; celle qui n'est frappée que d'un châtiment léger ne sera qu'un péché véniel, et le silence ou l'omission de la loi sera un signe d'innocence. C'est ainsi que, dans notre société, dérober à un millionnaire une légère pièce d'argent quand on est à son service ou quand on a brisé, pour la prendre, la glace de son armoire, est considéré comme un crime, parce que telle est la définition du Code pénal, et que le châtiment n'est pas au-dessous de la définition. Au contraire, l'action qui sème la honte et le désordre dans les familles, qui attaque les mœurs par la base, et dissout la société en même temps que le foyer domestique, l'adultère, qualifié de délit et passible de quelques mois de prison, est regardé presque comme un triomphe et comme un ornement pour celui qui en est reconnu coupable. C'est comme une preuve publique de qualités séduisantes, d'un pouvoir irrésistible sur les cœurs, et un titre éclatant à d'autres conquêtes. Mieux vaudrait l'impunité absolue que ce châtiment dérisoire, surtout si l'on y ajoute les dommages-intérêts pour le mari trompé. Mais je reviendrai sur cette question délicate. Je me borne pour le moment à signaler d'une manière générale quelques-unes des conséquences les plus désastreuses d'un système pénal qui n'est point fondé sur la raison.

Un autre moyen, pour la justice criminelle, de corrompre la conscience publique, c'est de se mettre en opposition directe avec la loi morale et avec les plus légitimes affections du cœur humain, quand elle cherche par exemple à convaincre un accusé par le témoignage de ceux qui lui sont le plus chers, quand elle érige en crime, comme faisait notre vieux droit, la non-révélation de certains attentats, quand elle oblige la femme à dénoncer son mari, les enfants à trahir leur père, ou bien quand elle dissout violemment, à titre de châtiment, les lois que la conscience naturelle aussi bien que la religion déclarent indissolubles. Telle était la conséquence de la mort civile, prononcée par notre code, et heureusement abolie, il y a quelques années, par une de nos assemblées républicaines. Quand la république de 1848 n'aurait fait autre chose qu'abolir la peine de mort en matière politique et la mort civile, ce serait un motif suffisant pour l'histoire de lui être indulgente. Ajoutons que c'est à un des martyrs les plus illustres de la liberté italienne, c'est à M. Rossi que revient l'honneur d'avoir, le premier, dans son *Traité de droit pénal*, réclamé cette réforme en même temps que l'abolition de la marque et du carcan.

La conscience publique est également corrompue par

les lois qui devraient la protéger quand la justice a deux poids et deux mesures, quand elle est autre pour les grands que pour les petits, autre pour les riches que pour les pauvres, quand elle frappe les riches dans une minime partie de leur fortune, et les pauvres dans leur liberté, qui est leur existence même et l'unique soutien de leurs familles ; ou bien quand la peine est trop déshonorante ou trop cruelle ; car, poussés à l'excès de la dureté, comme ces supplices qui ont heureusement disparu de notre code, elle éteint dans les cœurs le sentiment de l'humanité et de la pitié sans rien mettre à sa place ; elle rend les mœurs plus féroces, et par là même les familiarise avec le crime aussi bien qu'avec le châtiment. On a fait la remarque que les assassins ont presque tous assisté à plusieurs exécutions capitales, et l'on a observé dans les pays étrangers, où les châtiments corporels sont encore d'un fréquent usage, que de tous les prisonniers les plus incorrigibles sont ceux qui ont été plusieurs fois battus de verges. Ce fait nous conduit naturellement à condamner aussi l'excès de l'humiliation ou l'humiliation en public, la honte étalée aux yeux de la foule comme un spectacle. Que le criminel soit frappé dans son honneur aussi bien que dans sa fortune et dans sa liberté ; que la peine morale vienne s'ajouter à la peine physique, rien de mieux, car il est dans l'essence du crime de déshonorer celui qui l'accomplit.

Le crime fait la honte et non pas l'échafaud.

Mais il ne faut pas que l'humiliation soit poussée au

point d'éteindre jusqu'à la dernière étincelle de l'honneur. Il ne faut pas non plus que l'humiliation des uns soit pour les autres moins une leçon qu'un spectacle et une fête. C'est pourtant ce qu'on peut reprocher à la coutume d'exposer les condamnés sur la place publique. Si le coupable qui subit cette épreuve conservait encore dans l'âme un reste d'honnêteté et de pudeur, un faible désir de rentrer un jour dans la voie du bien, on peut être sûr qu'en descendant de l'infâme estrade, où, pendant une heure, il a repu les regards de ses semblables comme une bête féroce enchaînée, il ne sentira plus rien que la résolution du crime et la haine de la société ! Mais le plus souvent c'est le criminel qu'on veut déshonorer qui jette l'insulte à la face de la foule honnête et naïve qui le regarde, et celle-ci, au lieu d'être édifiée par l'exemple, apprend un secret funeste qu'elle ignorait : c'est qu'on peut vivre, dans la voie du crime et de la honte, aussi ferme, aussi tranquille, aussi content de soi qu'au sein de l'honneur et avec la conscience de l'honnête homme.

Les principes philosophiques du droit pénal n'étant pas autre chose que les principes naturels d'humanité et de justice appliqués à la répression du crime et à la défense de la société, on comprend qu'ils aient triomphé peu à peu des instincts violents et des passions sauvages qui étouffent dans le cœur de l'homme la voix de la conscience ; on comprend que, par cette force irrésistible qui est dans la vérité, ils aient pénétré insensiblement dans les lois. En effet, quand nous considérons le chemin que les nations civilisées ont déjà fait dans cette carrière, nous avons lieu d'être fiers de la supériorité de notre génération sur toutes celles qui l'ont précédée.

Le droit pénal n'a d'abord été que le droit de la vengeance, et ce droit, entièrement privé, héritage de toute une famille, s'attachait aussi à la famille de l'offenseur, le poursuivant dans sa personne et dans celle de ses enfants, de ses petits-enfants, de tous ses proches, jusqu'à ce que le sang eût lavé le sang. Cette passion sauvage a laissé des traces dans toutes les législations primitives, et notre civilisation n'est pas encore parvenue à l'éteindre entièrement dans nos départements maritimes.

A la vengeance privée a succédé tantôt le rachat par l'argent, le *wehrgeld*, consacré et réglé par une loi barbare ou par des coutumes locales, comme chez les tribus guerrières de la Germanie, tantôt le principe de l'expiation religieuse, comme dans la plupart des contrées de l'Orient, comme dans l'Inde, dans la Perse, en Égypte et en Palestine. Toutes les lois étant considérées comme une révélation divine, toute action coupable était une offense à Dieu, et c'est à Dieu que le coupable devait donner satisfaction. Il résultait de ce principe que les plus légères infractions à la liturgie, à la discipline religieuse, aux règles de la foi, c'est-à-dire les actions en elles-mêmes les plus inoffensives, étaient punies de la même manière et souvent avec plus de rigueur que les crimes les plus odieux. On brûlait les sorciers, les nécromanciens, ceux qui mêlaient le sang d'une race inférieure à celui de la race guerrière ou sacerdotale ; on faisait mourir ceux qui violaient le repos sabbatique ; on frappait de verges ceux qui mangeaient des aliments défendus.

La pénalité religieuse, tout en gardant une partie de son empire, a vu naître à côté d'elle la pénalité politique, c'est-à-dire une loi sous l'empire de laquelle toutes les actions réputées criminelles étaient punies comme des offenses à l'autorité du roi ou du seigneur, ou de la caste dominante. C'est sur ce principe qu'était fondée la confiscation ; car le roi ou le seigneur étant offensé, les biens de l'offenseur lui revenaient de droit. A lui aussi était attribué le patrimoine de ceux qui s'étaient suicidés. Quoi de plus naturel? Ils dérobaient leurs services à leur maître légitime ; ils lui devaient une compensation. De là aussi les supplices odieux prononcés contre les actions qualifiées de crimes de lèse-majesté. De là enfin, la répression violente de tout ce qui portait atteinte aux priviléges du maître ou de ses serviteurs préférés. Monter une haquenée quand on n'était point de race noble, porter des habits de soie ou tuer un lapin étaient des actions punies plus sévèrement que ne le sont aujourd'hui le vol, l'escroquerie et l'abus de confiance.

A la pénalité politique, l'esprit moderne a substitué la pénalité sociale ou les peines infligées au nom et dans l'intérêt de la société. Ce seul changement a suffi pour faire disparaître bien des iniquités et des horreurs, pour entourer l'accusé de garanties plus sérieuses, pour assigner au juge une tâche plus auguste et plus digne de lui, pour défendre la société elle-même d'une manière plus efficace, pour faire tomber les chevalets et les instruments de supplice, armes de la vengeance plutôt que de la justice.

Mais ne reste-t-il plus rien à faire? La justice criminelle, parmi nous et chez les autres peuples de l'Europe, est-elle donc arrivée au dernier terme de la perfection? Comment soutenir une prétention pareille quand les échafauds sont encore debout, quand la suppression des bagnes n'est encore qu'une lettre morte et que c'est d'hier seulement qu'il faut dater l'abolition de la marque et de la mort civile? Quand même ce ne serait pas un fait universellement admis que notre législation criminelle est demeurée très-inférieure à nos lois civiles, on n'en serait pas moins forcé de reconnaître que le mot de Bossuet : *Marche, marche,* est également vrai de la vie et de la mort, et s'applique aussi bien au perfectionnement de la société qu'à l'anéantissement de notre misérable corps.

La philosophie du droit pénal a des limites précises, qui l'empêchent de se confondre avec aucune autre branche du droit naturel. Elle est renfermée tout entière dans la discussion de ces trois questions : 1° Quel est le principe d'où découle, quel est le fondement sur lequel repose le droit de punir? Ce droit prend-il son origine dans la religion, dans la morale ou simplement dans l'intérêt public? Faut-il le considérer comme une conséquence du principe de l'expiation, de ce principe de justice absolue qui exige que le mal soit rétribué par le mal, ou comme une application du droit de légitime défense, et même comme une forme de la charité qui demande, non le châtiment, mais l'amendement du coupable? 2° Quelles sont les actions punissables ou qui méritent de tomber sous l'empire de la loi pénale? La loi pénale, comme je me le suis déjà demandé, doit-elle atteindre indistinctement toutes les fautes, tous les actes d'immoralité et d'impiété, toutes les infractions que peuvent souffrir nos devoirs, soit qu'elles blessent nos semblables et la société tout entière, soit qu'elles n'offensent que nous-mêmes ou qu'elles ne sortent point des limites de la conscience et de la foi? Dans le cas même où les lois réserveraient toute leur rigueur pour les actions qui portent préjudice aux autres, devraient-elles poursuivre également toutes les actions de cette nature? Devraient-elles poursuivre, par exemple, le mensonge, l'ingratitude, aussi bien que le meurtre et le vol? A cette question se rattache encore la détermination du degré d'intelligence et de liberté qui est nécessaire pour que l'auteur du crime soit justement responsable, et des différences qui peuvent exister dans la culpabilité suivant les circonstances qui en ont été les complices. 3° De quelle nature doivent être les peines? Quelles sont les peines que la société peut infliger sans excéder son droit et sans manquer aux règles de la justice distributive, sans blesser la proportion qui doit exister entre le châtiment et le délit, sans se laisser aveugler ni par la pitié ni par la vengeance? Que faut-il penser des peines conservées jusqu'aujourd'hui dans la plupart des législations criminelles, et principalement dans le Code pénal français? De ces trois questions, la plus importante, la plus digne d'intérêt de la part du

philosophe et du législateur, du moraliste et du jurisconsulte, mais aussi la plus difficile, la plus abstraite
et la plus compliquée, c'est, sans contredit, la première: car, à la manière dont elle a été résolue, on
peut prévoir à coup sûr la solution de toutes les autres;
à la manière dont elle a été résolue, on peut décider
d'avance si les lois pénales sont soumises à des principes ou livrées à l'empire de la passion et de l'arbitraire, si elles doivent être l'expression de la justice et
de la raison, ou un instrument d'oppression et de haine.

PREMIÈRE PARTIE.

CHAPITRE PREMIER,

DU DROIT DE PUNIR CONSIDÉRÉ DANS SON PRINCIPE ; DES SYSTÈMES DONT IL EST L'OBJET.

Il faut d'abord nous faire une idée exacte du sujet de la discussion : il faut que nous sachions en quoi consiste le droit de punir et ce qui constitue la punition elle-même. Je me vois attaqué sur la grande route, d'abord par des menaces, et immédiatement après, si j'hésite à obéir, par des actes de violence. Je repousse la force par la force ; je pousse la résistance jusqu'à ôter la vie à mon agresseur, sans savoir si son intention était de m'enlever la mienne ; je ne le punis pas, je me défends, et quoi qu'on dise de mon ennemi, abattu à mes pieds, qu'il n'a eu que le sort qu'il a mérité, ce n'est pas à moi qu'il faut attribuer cette œuvre de justice distributive ; je n'ai usé que du droit de légitime défense.

Supposez-vous dans un pays où les lois, s'il y en a, n'ont pas encore une grande force ; où la société, à peine formée, laisse à l'individu le soin de pourvoir lui-même à sa sécurité ; supposez-vous dans la Californie telle qu'on nous la peignait encore il y a quelques années. Vous apprenez qu'un de vos voisins, planteur ou mineur, a formé le projet de pénétrer chez vous dans la nuit, de vous enlever tout ce qui vous appartient, et de se défaire même au besoin de votre personne. Vous n'attendez pas que son dessein ait reçu un commencement d'exécution ; vous allez au-devant de lui, seul ou avec vos amis ; vous le surprenez ; vous le mettez hors d'état de vous nuire, et quand vous le tenez ainsi en votre pouvoir, vous le forcez à s'éloigner, parce que votre conscience vous dit que vous n'avez point de droits sur ses jours. Que faites-vous alors ? Vous usez du droit de légitime défense ; seulement votre défense est préventive, tandis que dans le cas précédent elle était répressive.

Voici maintenant une autre situation. On vous a dérobé votre argent, vos armes, vos instruments de travail, animés ou inanimés ; vous découvrez le ravisseur, et vous le contraignez, par la force ou autrement, non-seulement à vous rendre ce qu'il vous a pris, mais à vous dédommager de la perte que vous avez éprouvée et des alarmes qui vous assiégeaient pendant que vous étiez privé de votre capital et de vos moyens d'existence. Ou bien on vous a diffamé, on vous a calomnié, on vous a frappé dans votre crédit et dans votre honneur, on a ébranlé l'amitié et l'estime de ceux qui vous entourent ; vous exigez de votre persécuteur, non-seulement qu'il se rétracte publiquement, non-seulement qu'il vous rétablisse, autant qu'il est en lui, dans votre prenîier état, mais qu'il vous accorde la compensation de ce que vous avez souffert, de ce que vous avez perdu. Comment faut-il appeler cette exigence aussi légitime, aussi universellement reconnue que le droit de repousser la force par la force? Est-ce un châtiment, un acte de pénalité? Non, c'est une réparation, et la réparation n'est pas un droit particulier, un droit original de la nature humaine; toute réparation se ramène à une restitution : on vous rend ce qu'on vous avait pris injustement.

Le droit de punir est donc parfaitement distinct et du droit de défense, tant directe qu'indirecte, et du droit de réparation. Est-ce que par hasard il se confondrait avec la vengeance? Cette expression si ancienne et si généralement consacrée dans la langue de la législation et du droit positif, *la vindicte publique*, n'est-elle pas de nature à nous faire croire que le droit de punir pris en lui-même, quand on remonte jusqu'à son principe et qu'on fait abstraction des causes qui l'ont fait passer des mains de l'individu dans celles de la société, que le droit de punir n'est pas autre chose que le droit de se venger?

Que ces deux idées aient été primitivement confondues, et que la société, comme l'individu, dans les temps de barbarie et d'ignorance, ait obéi à ses passions plus qu'à la raison et à la voix de la conscience; que de cette identification funeste il soit resté des traces, non-seulement dans le langage de la législation, mais dans les lois elles-mêmes, c'est un fait incontestable. Mais là n'est pas la question. Il ne s'agit pas d'interroger l'histoire sur la manière dont le droit de punir a été d'abord compris et exercé ; il s'agit de savoir ce qu'il est ; il s'agit d'opposer les résultats de la réflexion et de l'observation à des instincts aveugles et féroces, qui, plus la culture des âmes se développe, plus ils nous inspirent une invincible horreur.

La vengeance est une forme de la haine ; la punition est une forme de la justice. Celui qui se venge ne se demande pas s'il a raison ou s'il a tort, s'il fait bien ou s'il fait mal ; il se livre à la pente qui l'entraîne, à la force aveugle qui le domine, jusqu'à ce que sa rage soit assouvie. S'agit-il, au contraire, de punition, vous voulez savoir d'abord à qui appartient le droit de punir, puis si la punition elle-même est juste. La punition, pour être juste, doit remplir deux conditions : il faut qu'elle soit motivée par une action moralement mauvaise : il faut qu'elle soit en proportion avec le mal que cette action renferme. La vengeance s'attache au bien comme au mal ; car elle poursuit, non le mal en soi ou ce qui est un mal pour la société, mais ce qui est un mal pour nous-mêmes, au point de vue des passions qui nous maîtrisent. Un scélérat se venge d'un honnête homme, un tyran se venge des serviteurs qui opposent à ses volontés iniques la voix de la conscience et de l'honneur. Néron s'est vengé de Sénèque parce qu'il avait hésité à lui servir de complice dans le meurtre d'Agrippine ; Henri VIII s'est vengé de Thomas Morus, parce qu'il n'a voulu être ni un apostat ni un parjure. Néron et Henri VIII se sont vengés ; on ne peut pas dire qu'ils aient exercé le droit de punir, car, encore une fois, on ne punit que le mal, on ne punit que des coupables; la punition suppose la justice par rapport à celui qui la subit; elle suppose le droit par rapport à celui qui l'exerce.

Qu'un pareil droit existe dans l'ordre général du monde, ou tout au moins dans la sphère des créatures intelligentes et libres, il faudrait pour le nier se mettre en révolte contre la conscience et la voix unanime du genre humain. Il n'y a pas un homme qui, jouissant de son bon sens, ose soutenir qu'il n'est pas juste que le crime soit puni et la vertu récompensée. C'est là une de ces lois de l'ordre moral, un de ces principes de la raison qui ont le même degré d'évidence et d'autorité que les axiomes de la géométrie. Cette loi, d'ailleurs, n'est pas une abstraction de notre esprit, ce n'est pas une forme de langage, c'est une loi effective et vivante qui s'applique elle-même, ou qui est exécutée sans interruption et d'une manière universelle par l'auteur de la nature. Son premier effet, son action inévitable sur les êtres qui ne sont pas encore entièrement pervertis, chez qui la corruption n'a pas encore effacé les derniers traits de la nature humaine, son premier effet, dis-je, c'est le remords; et le remords, en même temps qu'il est un châtiment, nous ouvre la source et l'espérance de la réhabilitation; car il témoigne que nous avons encore une conscience, que l'être moral n'est pas complétement perdu en nous, que tout commerce n'est pas détruit entre nous et le monde spirituel. Aussi Platon a-t-il raison de dire que le plus grand malheur qui puisse arriver à un homme, après celui d'avoir fait le mal, c'est de ne point recevoir le châtiment qu'il a mérité.

Mais le remords est un fait indépendant de notre volonté. La loi qui nous l'inflige comme premier châtiment de nos fautes est une loi qui mérite, à tous les titres, d'être appelée divine ; car c'est à l'auteur même de notre âme que nous en devons la connaissance par l'intermédiaire de notre raison, image imparfaite de la raison éternelle ; c'est lui aussi qui la fait vivre en nous ou qui veille à ce qu'elle soit accomplie. Il s'agit ici du droit de punir, confié aux mains d'un homme ou d'un pouvoir humain, nécessairement accessible à la passion et à l'erreur. Un tel droit existe-t-il ? Non, répondent les uns ; oui, répondent les autres ; et ceux qui affirment comme ceux qui nient ne manquent pas de raisons pour se contredire entre eux.

Il y a une école de philosophes et de jurisconsultes qui nie absolument le droit de punir, parce qu'elle nie l'objet même de ce droit, c'est-à-dire le mal moral ; et elle nie le mal moral, parce qu'elle n'admet pas non plus le bien moral. Le bien, pour elle, c'est ce qui est utile, et le mal ce qui est nuisible ; ce qui est utile et nuisible non pas à un seul, mais au plus grand nombre. Elle admet donc des lois pénales, ou, pour mieux dire, des lois répressives, des lois d'intimidation. Seulement, au lieu de les fonder sur la justice, elle les fait reposer sur l'intérêt public. Ce langage est celui des disciples de Bentham et de l'école utilitaire.

Il y en a une autre qui, sans méconnaître en elle-même la distinction du bien et du mal moral, la dis-

tinction du juste ou de l'injuste, et, par suite, le droit
de punir, conteste que ce droit puisse être exercé par
la société, et, en général, par aucune puissance humaine.
Pour avoir le droit de punir, disent les hommes de ce
parti, la plupart jurisconsultes, et jurisconsultes contemporains, il faudrait remplir diverses conditions qui
sont au-dessus de notre nature. Il faudrait savoir exactement ce qui est bien et ce qui est mal; il faudrait
connaître les différents degrés de culpabilité de ceux qui
tombent sous le coup de la loi pénale; car la culpabilité
n'est pas déterminée par l'action seule, mais par une
foule de circonstances tout intérieures et inaccessibles
pour la plupart à notre faible vue. Enfin, au lieu de
l'arbitraire qui règne dans la plupart de nos codes, il
faudrait déterminer avec précision, d'après une règle
infaillible, quel est le genre et le degré de souffrance
qui doit être infligé à chacune des violations de la loi
morale ou sociale. Toutes ces conditions étant irréa-
lisables, la société, disent-ils, doit renoncer au droit de
punir et se contenter de se défendre. Elle se défendra
non-seulement en empêchant le mal avant qu'il soit
accompli, mais en frappant de diverses peines ceux
qui ont déjà failli, afin d'intimider ceux qui pourraient
les imiter.

Ceux qui reconnaissent à l'homme le droit de punir
s'entendent encore moins, s'il est possible; car les
principes entre lesquels ils se partagent sont en plus
grand nombre et d'un caractère plus absolu.

Voici d'abord les partisans du droit divin et de
l'école théocratique, qui, regardant l'autorité comme

une délégation du ciel, comme une représentation visible de Dieu sur la terre, attribuent la même origine au droit de punir. Les lois pénales auront donc pour but non de défendre la société, non de donner satisfaction à la justice dans la mesure où la justice se confond avec l'ordre social, mais de venger la majesté divine outragée dans son représentant terrestre. On conçoit que, dans cette hypothèse, la peine doit être en proportion non-seulement avec l'offense, mais avec le rang sublime de l'offensé.

Voici, après eux, les partisans du droit individuel, c'est-à-dire les disciples de Locke, de Rousseau, de Grotius lui-même, et d'un grand nombre de publicistes modernes, qui attribuent le droit de punir à la personne humaine, à l'individu, et ne le font passer de ses mains dans celles de la société qu'en vertu d'un contrat, celui-là même qu'on a appelé le contrat social.

Il y a un troisième parti, celui de Kant et des philosophes contemporains, celui des philosophes et des publicistes les plus dévoués à la cause du spiritualisme, qui veut que le droit de punir se fonde uniquement sur la justice ou sur l'harmonie du mal moral et de la souffrance, sur l'expiation infligée au coupable à titre de satisfaction donnée à la conscience. Nous aurons fait connaître l'importance de cette école et les titres qu'elle présente à notre intérêt, quand nous aurons dit qu'elle compte dans son sein M. Cousin, M. Guizot, M. le duc de Broglie et l'auteur du *Traité du droit pénal*, l'infortuné Rossi.

Enfin, il y a le parti des philanthropes et des médecins,

des médecins aliénistes, qui ne voit dans le crime qu'une maladie de l'âme ou un symptôme d'aliénation mentale; qui ne voit dans le criminel qu'un insensé, et dans la peine qu'un moyen de guérison. Divisés eux-mêmes entre eux, et partis de points différents, ils ne s'entendent que sur ce principe unique : la loi pénale doit avoir pour but, non le châtiment, mais l'amendement de ceux que nous regardons faussement comme des coupables.

Nous ne rencontrons donc pas, sur cette question, moins de six opinions différentes :

Les lois pénales reposent sur l'intérêt public;

Les lois pénales reposent sur le droit de légitime défense exercé par la société;

Les lois pénales sont l'expression d'un droit directement émané du ciel, et un moyen de venger la majesté divine;

Les lois pénales reposent sur un contrat, elles constatent l'abdication du droit de l'individu entre les mains de la société;

Les lois pénales dérivent du principe de l'expiation morale, du principe de la justice distributive, du principe de la rétribution du mal par le mal;

Enfin, les lois pénales ne doivent être qu'une mesure de charité et de prévoyance, un moyen de guérir une maladie aussi funeste à l'ordre social qu'au malade lui-même.

CHAPITRE II.

QUE LE DROIT DE PUNIR NE DÉRIVE PAS DE L'INTÉRÊT PUBLIC.

De toutes ces opinions, celle qui paraîtra à la fois la plus dangereuse et la plus fausse, c'est évidemment celle qui supprime toute distinction entre le juste et l'injuste, entre le bien et le mal, et qui ne reconnaît d'autre règle que l'intérêt général. C'est de celle-là que nous voulons nous occuper d'abord.

La doctrine de l'école utilitaire, particulièrement celle de Bentham, a été réfutée victorieusement au nom de la morale. Loin d'être assise, comme elle ne cesse de s'en vanter, sur la base inébranlable de l'expérience, on a montré qu'elle était en opposition avec les faits les plus éclatants de la conscience et de l'histoire, et qu'afin d'être plus sûre d'abaisser la nature humaine, elle commençait par la mutiler. Je n'ai pas à recommencer ce qui a été si bien fait ; je n'ai rien à ajouter à l'ingénieuse et pénétrante critique de Jouffroy (1) ; je ne signalerai pas même les dangers que présente ce système, au point de vue de la législation ; ce que deviendrait une société dont les lois ne voudraient pas reconnaître d'autre principe que l'intérêt ; ce qui resterait de place, dans le cœur d'une telle nation, aux sentiments de l'honneur et de la probité, au dévouement, au patriotisme, à l'amour de la gloire, au culte du beau et du grand ; il suffit, pour le deviner, de consulter les lumières du

(1) Voyez son *Cours de Droit naturel*, t. II.

sens commun. Je veux me renfermer tout entier dans le cercle des lois pénales. Or, qu'arriverait-il si les lois de cette espèce avaient pour unique fondement l'intérêt public ? On pourra frapper indifféremment l'innocent ou le coupable, pourvu que la mort de l'un soit reconnue aussi utile que celle de l'autre. C'est en effet ce qui arrive, ou du moins ce qui est arrivé souvent dans l'ordre politique. « Il vaut mieux qu'un seul homme périsse que tout un peuple, » s'écriait la foule des scribes et des prêtres, en parlant de Jésus-Christ. Cette maxime impie n'était pas seulement à l'usage des Pharisiens, nous la voyons mise en pratique dans presque tous les États qui ont joué un rôle un peu considérable dans l'histoire ; elle a servi de prétexte à toutes les proscriptions, dont les partis, tour à tour vaincus et vainqueurs, se sont rendus coupables les uns envers les autres. Mais les iniquités ne sont-elles donc possibles que dans l'ordre politique ? Rien n'empêche qu'elles ne se produisent aussi dans l'ordre civil. Voici un homme qu'une foule fanatique poursuit d'une accusation infâme ; elle le déclare convaincu d'avoir tué son propre fils ; elle demande à grands cris sa mort par le plus horrible supplice. Cet homme est innocent, il est vrai, mais la foule le croit coupable, et si vous refusez d'obéir à ses clameurs, vous la laisserez persuadée qu'un forfait inouï est resté sans châtiment. N'est-il pas plus utile de le faire mourir que de le laisser vivre ? et vous étendrez sur la roue le malheureux Calas, la conscience aussi tranquille, ou du moins aussi en règle avec votre système, que si vous veniez d'écraser sous vos pieds quelque insecte dangereux. C'est un mal, sans doute, c'est une chose nuisible pour la société qu'un innocent puisse être menacé dans son honneur et dans sa vie; mais c'est un plus grand mal, dans le sens où vous prenez ce mot, c'est une chose plus nuisible pour la société, que la foule puisse croire à un crime resté sans châtiment. Le rôle de la justice deviendra facile et commode; elle n'aura qu'à tenir compte des apparences, sans se mettre en peine de la vérité. La justice ne sera qu'un rouage de cette machine qu'on fait jouer sur la place publique pour inspirer aux masses une crainte salutaire. J'aime mieux la torture que ce système; car, par la torture, le juge cherchait au moins à apaiser sa conscience en arrachant à l'accusé un aveu plus ou moins sincère.

Voici maintenant une autre conséquence d'un système de pénalité fondé sur la seule base de l'intérêt. Je viens de parler de coupable et d'innocent; je viens de supposer un innocent victime de funestes apparences et sacrifié à des soupçons mal fondés; mais je me suis servi d'un langage impropre et j'ai été le jouet de la force de l'habitude. D'après les principes de l'école utilitaire, il n'y a ni innocent ni coupable, puisqu'il n'y a ni bien ni mal. Le malfaiteur que la société rejette de son sein ou qu'elle livre au bourreau, le soldat qui meurt sur le champ de bataille pour la défense de son pays, ne sont ni plus coupables ni plus innocents l'un que l'autre; ils sont soumis exactement à la même loi, ils sont sacrifiés à l'intérêt public. C'est peut-être là ce qu'il y a de plus odieux et de plus révoltant dans cette triste doctrine.

A. FRANCK.2

Enfin, pour ne pas multiplier inutilement les objections contre un système heureusement ruiné dans l'opinion, démenti avec énergie par la conscience publique, et qui ne compte d'autres défenseurs que des philosophes à la façon de Hobbes et des politiques de l'école de Machiavel, je m'arrêterai à une dernière considération. Que faut-il entendre par cet intérêt public, par cette utilité générale que vous prenez pour base de vos lois répressives et de vos institutions judiciaires? A quel signe puis-je distinguer l'intérêt public de l'intérêt particulier d'une classe, d'une caste, d'un parti? Je distingue facilement l'usurpation du droit, le droit du privilége, la justice de l'arbitraire, parce que la justice et le droit ont un caractère universel et immuable; mais l'intérêt public ne se révèle à moi par aucun signe particulier, parce que l'intérêt, c'est la satisfaction de nos passions et de nos désirs, et que les passions, les désirs des uns s'accordent rarement avec ceux des autres. Il y a même des époques de violence et d'emportement où les passions et les désirs du plus grand nombre sont en opposition directe avec les règles permanentes de l'ordre social; aussi l'intérêt public a-t-il servi de prétexte à tous les excès et à toutes les horreurs que nous raconte l'histoire. C'est au nom de l'intérêt public, et même du salut public, qu'on a essayé de justifier la Saint-Barthélemy, les dragonnades, les massacres de septembre, le tribunal révolutionnaire, et d'autres mesures non moins sanglantes et non moins honteuses pour la nature humaine. C'est au nom de l'intérêt public qu'on a maintenu, dans la constitution américaine;

l'institution de l'esclavage, devenue aujourd'hui, par un juste châtiment, une cause de guerre civile. L'intérêt public! il n'y a pas une mesure si infâme, une loi si dégradante, une tyrannie si odieuse, une dictature si impitoyable, qui n'ait invoqué cette formule infernale, également propre à opprimer et à corrompre les nations.

CHAPITRE III.

QUE LE DROIT DE PUNIR N'EST PAS LE DROIT DE LÉGITIME DÉFENSE (SYSTÈME DE LOCKE).

Nous nous sommes convaincus que les lois pénales ne peuvent se justifier par l'intérêt public ou par le bien général de la société. Faut-il les considérer comme une simple application du droit de légitime défense, ou comme une cession faite à la société d'un droit individuel, d'un droit inhérent à notre nature, et dont il nous est permis, cependant, de faire le sacrifice en échange de quelque autre avantage? Telles sont les propositions qui se rapprochent le plus de la maxime fondamentale de Bentham, et que nous allons soumettre à l'épreuve de la discussion.

Reconnaissons d'abord que les partisans du droit de défense sont plus près de la vérité que ceux de l'intérêt public; car le droit de légitime défense est un droit incontestable, qui nous permet, dans certains cas, d'user à l'égard de nos semblables de la plus extrême rigueur, et nous autoriser à disposer même de leur vie, tandis que l'intérêt public n'a jamais ce caractère. Mais le droit de légitime défense ne suffit pas pour nous rendre raison d'un système de pénalité et de justice criminelle. Le droit de légitime défense ne va pas au delà de la résistance actuelle à un attentat dont nous sommes menacés certainement par un agresseur visible, à un attentat qui a reçu déjà un commencement d'exécution. C'est donc la force opposée à la force, l'empêchement matériel d'un acte qui est en voie de s'accomplir, mais qui n'est point consommé. Les lois pénales, au contraire, et le tribunal qui en est l'interprète, déploient leur rigueur contre un homme désarmé et contre une action irrévocable. Le droit de défense est épuisé quand notre ennemi est mis actuellement hors d'état de nous nuire. C'est quand l'attaque a cessé et que l'ennemi est là devant nous, chargé de chaînes, que commence seulement l'œuvre de la justice et des lois. Le droit de défense, dans l'ardeur du combat, et en repoussant la force par la force, s'inquiète peu s'il fait à l'agresseur plus ou moins de mal qu'il n'a voulu nous en faire. Il le frappe jusqu'à ce qu'il l'ait mis dans l'impuissance. La loi pénale, règle de la justice, et la justice elle-même se piquent de proportionner le châtiment à la gravité de l'attentat. Elles font œuvre de rémunération et non de guerre. D'ailleurs, la guerre, telle que l'autorisent les lois de l'humanité, ne consiste pas à frapper froidement un ennemi vaincu. En vain dira-t-on que cet ennemi vaincu est un homme déchu de ses droits, qui s'est réduit lui-même, selon l'opinion de Leibnitz, au rang d'une brute ou d'une chose, du moment qu'il s'est servi de sa volonté et de ses forces pour faire le mal; il

restera toujours inadmissible que vous usiez du droit
de guerre contre un ennemi impuissant, et du droit de
défense quand vous n'avez plus à vous défendre.

Ceux qui font dériver les lois pénales du droit de
légitime défense croient échapper à ces objections en
établissant une différence entre le droit de défense tel
que la société peut l'exercer et le droit de défense tel
qu'il existerait entre les mains de l'individu. Ils accordent volontiers que, dans ce dernier cas, il n'est que la
force repoussée par la force ; mais la société, disent-
ils, pourvoit à sa sûreté par voie d'intimidation ou par
la force irrésistible de la contrainte morale. Que fait la
société ? Assiégée comme elle l'est par des malfaiteurs
en intention, par des malfaiteurs inconnus qu'il lui est
impossible d'arrêter dans l'accomplissement de leurs
desseins ou de prévenir par la force ouverte, elle cherche
à les paralyser par la menace. Elle leur fait connaître
d'avance les souffrances qu'elle ne manquera pas de
leur infliger s'ils se livrent aux attaques qu'ils médi-
tent contre elle. Or, la menace ne peut agir efficacement
sur les esprits, ne peut produire le résultat désiré dans
l'intérêt de tous, que si elle est suivie d'exécution.
C'est ainsi que la société est obligée de frapper un
agresseur désarmé et de sévir quand l'attaque a cessé ;
car cette rigueur est pour elle le complément nécessaire du droit de défense ; sans elle, les mesures pré-
ventives qu'elle a adoptées, et qui lui sont absolument
nécessaires, demeureraient stériles.

Ce raisonnement peut surprendre des esprits mal
préparés aux discussions de cette nature ; mais il ne

résiste pas à un examen sévère. D'abord, il ne détruit pas ce que nous savons, ce que la conscience nous apprend du droit de défense. Le droit de défense n'est pas l'exécution d'une menace faite d'avance, car une menace peut être elle-même une injustice : c'est la force opposée à la force, la violence à la violence, non pas après la victoire, mais durant l'attaque. La preuve que la menace ne se justifie point par elle-même, c'est que vous n'oseriez pas inscrire dans vos lois pénales des châtiments horribles pour des fautes légères ; c'est que vous essayez de proportionner l'étendue de vos menaces à la gravité des crimes que vous voulez réprimer. Vous faites intervenir ici, non pas uniquement, comme vous l'affirmez, le droit de défense, mais le principe de la justice distributive ou le droit de punir, et c'est le droit de punir qui tient ici la première place, qui joue le rôle de principe régulateur. Ensuite, en considérant la menace comme une simple forme du droit de défense, il faudrait s'assurer que la menace a été entendue de tout le monde, il faudrait avoir la preuve que vos lois pénales étaient connues de ceux que vous traduisez à la barre de vos tribunaux. La supposition que personne n'ignore la loi est une fiction dont on peut se contenter avec l'idée de châtiment et de réparation ; car alors même que la loi n'aurait pas été connue, il n'en serait pas moins vrai que le meurtrier et le voleur sont des coupables, et que tout coupable doit être puni. Mais si vous n'avez d'autre droit que celui de vous défendre en menaçant, celui qui ignore la loi, celui qui ne sait pas lire doit être renvoyé absous. Il y a quelques années,

un homme accusé pour meurtre et déclaré coupable
par le jury, sans circonstances atténuantes, se montra
tout consterné en entendant lire la sentence qui le con-
damnait à mort. « Je croyais, on m'avait dit, s'écria-t-il
avec amertume, que la peine de mort était abolie ! »
Celui-là, dans votre système, aurait mérité certainement une commutation de peine; car, plus instruit, il
aurait été moins coupable.

Voici une autre objection contre la doctrine de l'intimidation ou de la contrainte morale. La menace et
l'exécution elle-même, la peine infligée n'ayant pas
d'autre but que de combattre l'attrait du crime par la
puissance de la crainte, il faut que la peine soit d'au·
tant plus grande que le crime a plus de séduction ; car,
dans l'ordre moral comme dans l'ordre physique, la
force de la résistance doit être mesurée à celle de l'attaque. Or, s'il en est ainsi, ce ne sont plus les crimes
les plus graves, mais, si l'on peut parler ainsi, les crimes
les plus agréables qui appellent la répression la plus
sévère. Le vol, la fraude, l'abus de confiance, la con-
cussion, promettent souvent plus d'avantages que le
meurtre; donc le voleur, le concussionnaire, l'escroc
devront être châtiés avec plus de rigueur que l'assassin
et même le parricide. Il faudra renoncer à toute idée de
proportion entre les délits et les peines, il faudra renoncer à toute idée de justice distributive et faire violence à la conscience humaine.

Enfin, le système de l'intimidation et de la contrainte
morale mérite le même reproche que nous avons déjà
adressé au système de l'intérêt public. Il supprime la

différence qui existe entre l'innocent et le coupable : pourvu que la peine prononcée par la loi soit infligée à un homme qui a contre lui les apparences du crime, le vœu de la loi est accompli, l'effet de terreur qu'on s'est proposé sera produit. La question d'innocence ou de culpabilité sera indifférente ; il sera plus utile même de condamner que d'absoudre. N'est-ce pas la société qu'on veut défendre ? Elle sera mieux défendue par ces excès que par les scrupules et les lenteurs ordinaires de la justice. C'est la société tout entière dont la défense vous est confiée ; vous manqueriez à votre tâche si vous attachiez trop d'importance à la défense des individus. Le droit de défense a certainement sa place, une place considérable dans la rédaction des lois pénales. Je ne prétends point l'en bannir ; la seule chose que j'aie voulu prouver, c'est qu'il est incapable par lui seul de nous expliquer l'existence et l'application de ces lois. Voyons si nous serons plus heureux avec le droit individuel complété par la double hypothèse d'un état de nature antérieur à la société et d'un contrat social.

Cette doctrine, adoptée presque aveuglément par la plupart des publicistes du xviiiᵉ siècle, entre autres par Beccaria, se trouve déjà en germe dans les œuvres de Grotius et de Puffendorf ; mais c'est Locke qui lui a donné sa forme la plus accomplie. Nous la prendrons donc en quelque sorte de sa main, telle qu'il l'expose dans les premiers chapitres de son *Essai sur le gouvernement civil*.

Locke, ainsi que l'a fait avant lui Hobbes et après lui J.-J. Rousseau, suppose un état de nature où l'homme

aurait vécu pendant des siècles sans connaître les lois
et les institutions de la société. Mais cet état de nature n'est pas l'état de la guerre, comme l'affirme l'auteur du *Léviathan*, ni l'état sauvage, et encore moins
l'état de bestialité, comme l'ont imaginé Mariana et
Rousseau : c'est l'état de liberté sans limites, et, grâce
à la liberté, d'égalité absolue entre les hommes. La
liberté est un état naturel de notre espèce, car l'homme
naît libre comme il naît intelligent. Or, la liberté est la
même chez tous ; elle existe ou n'existe pas tant qu'il
n'y a pas de lois qui en limitent et en règlent l'usage.
Si tous les hommes sont naturellement libres, tous sont
naturellement égaux, égaux en droit quoique inégaux
en puissance. Voilà ce qui constitue, selon Locke, l'état
de nature. Parmi les droits sur lesquels repose cette
égalité, et qui sont autant de conditions de notre liberté,
se trouvent non-seulement le droit de repousser la force
par la force, mais le droit de punir, c'est-à-dire de
rendre le mal pour le mal dans une mesure nécessaire
pour en prévenir le retour. « La nature, dit Locke, a
mis chacun en droit de punir les violations de ses droits.
Ceux qui les violent doivent pourtant être punis seulement dans une mesure qui puisse empêcher qu'on ne
les viole de nouveau. Les lois de la nature, ainsi que
toutes les autres lois qui regardent les hommes en ce
monde, seraient entièrement inutiles si personne, dans
l'état de nature, n'avait le pouvoir de les faire exécuter,
de protéger et de conserver l'innocent et de réprimer
ceux qui lui font tort. » Un droit semblable, ne pouvant
pas être exercé par les individus sans passion et sans

excès, donne naissance à l'état de guerre, qui, dans le système de Locke, est précisément l'opposé de l'état de nature, puisqu'il en est là corruption par l'injustice et la violence. Pour échapper au fléau de la guerre, les hommes se sont réunis en société et ont renoncé par un contrat à ce droit individuel de punir qui était la source de tous les maux. Ils l'ont cédé à la communauté sociale, pour être exercé en son nom par les pouvoirs qui la représentent.

Chacune des propositions qui entrent dans ce système est une hypothèse ou une contradiction, ou l'une et l'autre à la fois. 1° Il est impossible de voir autre chose qu'une pure hypothèse dans cet état de nature qui a précédé la société, et dont on ne trouve sur la terre aucune trace, puisque le sauvage lui-même nous offre un commencement d'ordre social. Non-seulement c'est une hypothèse, mais c'est une contradiction de considérer comme naturelle à l'homme une condition dans laquelle il lui a été impossible de vivre. 2° C'est une contradiction de reconnaître à l'individu le droit de punir, quand on est obligé ensuite de le lui retirer, par cette raison qu'un tel droit conduit nécessairement à l'anarchie et à la guerre, et qu'il ne peut être exercé sans passion et sans violence. C'est dire que le droit de punir suppose nécessairement l'autorité, l'impartialité et la puissance de l'exécution, ou, ce qui revient au même, qu'il est absolument incompatible avec la nature de l'individu. 3° C'est une contradiction de reconnaître à l'individu le droit de rendre le mal pour le mal, et de limiter ce droit, même dans l'état de nature, à la né-

cessité de la défense. 4° C'est une contradiction de
reconnaître, même sans aucune restriction, le droit de
rendre le mal pour le mal; car le droit, c'est précisément le contraire de l'injustice, et si l'on a commis une
injustice envers moi, je ne suis pas autorisé à être
injuste à mon tour, dussé-je me borner à rendre l'injure que j'ai reçue. J'ai été victime d'un vol, on a tué
un de mes proches, on a outragé ma fille et ma femme :
à prendre à la lettre la proposition de Locke, il m'est
permis de devenir à mon tour un voleur, un meurtrier,
un lâche qui abuse de la violence et de l'outrage contre
une femme et une enfant. Mais, dit-on, la justice absolue, le droit dans toute sa rigueur, n'est-ce pas la réciprocité? Oui, la réciprocité est une des conséquences
du droit; mais elle n'en est pas le principe, elle ne le
crée pas, et ne saurait rendre juste une action essentiellement contraire à la justice. J'ai le droit d'exiger
de moi l'accomplissement du même devoir. La réciprocité ne justifie pas un crime et ne peut changer un
crime en vertu. Enfin, 5° c'est tout à la fois une hypothèse et une contradiction de soutenir que quelques-
uns de nos droits naturels ont été cédés à la société
par un contrat. C'est une hypothèse; car ce contrat social n'a pas laissé plus de traces dans le souvenir des
hommes que l'état de nature. C'est une contradiction;
car un droit naturel est inaliénable et imprescriptible.
Il n'est pas permis d'aliéner sa liberté, il n'est pas permis d'aliéner sa vie, il n'est pas permis d'aliéner sa
conscience, à plus forte raison la liberté et la conscience, ou les droits quels qu'ils puissent être de ses

desceudants jusqu'à la dernière génération. D'ailleurs, on ne peut pas céder ce qu'on n'a pas, et je crois avoir démontré que l'individu n'a pas le droit de punir.

CHAPITRE IV.

QUE LE DROIT DE PUNIR N'EST PAS UN DROIT MYSTIQUE DIRECTEMENT ÉMANÉ DU CIEL OU UNE DÉLÉGATION DE LA DIVINITÉ. (SYSTÈME DE JOSEPH DE MAISTRE).

Mais si le droit de punir ne dérive ni des droits naturels de l'individu, ni de l'intérêt collectif de la société, ni d'une convention originelle sur laquelle serait fondé l'ordre social, n'est-on pas forcé de le concevoir comme une délégation mystique de la divinité, comme un organe moins encore de la justice que de la vengeance divine, comme un pouvoir terrible et impénétrable, dont les hommes, quelque rang qu'ils occupent dans ce monde, ne sont que les instruments aveugles? Cette opinion a trouvé des partisans plus ou moins décidés, plus ou moins conséquents, chez les théologiens et chez les politiques du droit divin. On la reconnaîtrait facilement dans Tertullien, dans saint Augustin, dans Selden; mais Joseph de Maistre, par la sombre énergie, par l'éloquence sauvage avec laquelle il l'a défendue, en a fait en quelque façon sa propriété ; on peut dire qu'elle s'est identifiée avec sa personne. Quoique tous ses ouvrages, comme son esprit lui-même, en soient pénétrés, c'est dans les *Soirées de Saint-Pétersbourg* qu'il en faut chercher la plus haute et la plus complète expression.

On sait quel est le sujet de ce livre. Afin de persuader aux peuples qu'ils n'ont rien de mieux à faire que de se laisser mener, comme de vils troupeaux, par la main sous laquelle ils sont courbés; qu'ils n'ont le droit ni de juger, ni de contrôler, ni de modifier, et moins encore de change, même d'un consentement unanime, leurs lois, leurs institutions, leur gouvernement, on soutient que c'est Dieu lui-même qui, dès ce monde, s'est chargé de leurs affaires, dans l'ordre temporel comme dans l'ordre spirituel, dans l'ordre politique comme dans l'ordre religieux; que c'est lui qui les a faits tout ce qu'ils sont, ne leur permettant pas d'être autre chose; lui qui est leur législateur, leur instituteur, leur souverain, leur juge. C'est cela que de Maistre appelle le *gouvernement temporel de la Providence*. Il n'y a donc pas ici d'équivoque possible. Il ne s'agit pas de cette croyance générale, consacrée en même temps par la philosophie et par la religion, par la raison et par la foi, que l'action divine sur l'ordre moral et sur les sociétés humaines se manifeste par les facultés mêmes que Dieu nous a données, par notre intelligence, par notre conscience, par notre liberté et par les lois générales qui les dirigent, par les conditions que nous impose la nature des choses, aussi bien que notre propre raison, et qui ne permettent que pour un temps limité le triomphe de l'iniquité et de la violence : non, le but que poursuit l'auteur des *Soirées de Saint-Pétersbourg* est tout à la fois plus mystique et plus positif; il veut montrer que l'intervention de Dieu dans les affaires de ce monde, je veux dire dans l'ordre civil et politique, est tout à fait

directe et immédiate, et que les hommes n'ont que
l'alternative, ou de se soumettre aveuglément à sa volonté, ou de se consumer, de se dévorer les uns les
autres dans une complète impuissance.

Le gouvernement de la Providence une fois compris
de cette manière, il n'y a qu'un seul moyen de le justifier : c'est de mettre résolûment sur son compte tous
les désordres, toutes les iniquités dont nous souffrons,
en les représentant, non pas comme des épreuves qui
nous préparent à une meilleure vie : ce serait déplacer
la question, ou passer de l'ordre temporel à l'ordre spirituel : mais comme des châtiments légitimes, comme
une satisfaction que nous devons rigoureusement à la
vengeance, à la colère divine, par cela seul que nous
sommes nés ; car tous les hommes, pris en général, sont
des coupables ; ils ne souffrent que quand ils le méritent. Cette proposition, il faut la garder attentivement
dans notre mémoire ; car c'est la pierre angulaire de
l'édifice, c'est la base sur laquelle repose tout le système, c'est la source d'où nous allons voir découler
une suite de maximes plus étranges les unes que les
autres.

Le gouvernement temporel de la Providence, ou l'intervention de Dieu dans les destinées de la société humaine, se manifeste d'abord, se manifeste surtout, selon
de Maistre, par le châtiment des coupables, au nombre
desquels nous sommes tous comptés à différents degrés, ou par la distribution d'une somme de maux pro-
portionnés à celle des crimes dont la terre est toujours
souillée. Mais puisque les souverains, bien entendu les

souverains légitimes, sont les représentants et les ministres de Dieu sur la terre, leur première prérogative, la première attribution de leur pouvoir doit consister également à frapper ceux qui l'ont mérité, à ordonner des supplices, à exercer dans toute sa rigueur le droit de vie et de mort. Et voyez comme Dieu est bon ! comme il rend visible et palpable la protection qu'il étend sur les princes de la terre ! Afin de leur rendre plus facile l'accomplissement de cette œuvre de rigueur, il crée tout exprès pour eux, aussi souvent qu'ils en ont besoin en raison de la durée et de l'étendue de leurs États, un instrument vivant, surnaturel, quoique né en apparence comme les autres hommes, et qui n'est propre qu'à ce seul usage. Cet instrument, c'est le bourreau, dont personne n'a parlé avec autant d'éloquence et d'imagination que l'auteur des *Soirées de Saint-Pétersbourg*. C'est lui qui est, en effet, la personnification de sa pensée ; c'est sur lui qu'il devait réunir tout ce qu'il a, dans son imagination, de sombres couleurs, et, dans son esprit, de lugubres conceptions. Quoique cette description soit citée partout, il n'est pas inutile de la reproduire ici :

« De cette prérogative redoutable dont je vous parlais tout à l'heure (le droit de punir), résulte l'existence nécessaire d'un homme destiné à infliger aux crimes les châtiments décernés par la justice humaine : et cet homme, en effet, se trouve partout, sans qu'il y ait aucun moyen d'expliquer comment ; car la raison ne découvre dans la nature de l'homme aucun motif capable de déterminer le choix de cette profession. Je

vous crois trop accoutumés à réfléchir, messieurs, pour
qu'il ne vous soit pas arrivé souvent de méditer sur le
bourreau. Qu'est-ce donc que cet être inexplicable qui
a préféré à tous les métiers agréables, lucratifs, honnêtes, et même honorables, qui se présentent en foule
à la force ou à la dextérité humaine, celui de tourmenter
et de mettre à mort ses semblables? Cette tête, ce cœur,
sont-ils faits comme les nôtres? ne contiennent-ils rien
de particulier et d'étrange à notre nature? Pour moi,
je n'en sais pas douter; il est fait comme nous exté-
rieurement, et naît comme nous; mais c'est un être
extraordinaire, et pour qu'il existe dans la famille humaine, il faut un décret particulier, un *fiat* de la puissance créatrice. Il est créé comme un monde. Voyez ce
qu'il est dans l'opinion des hommes, et comprenez, si
vous pouvez, comment il peut ignorer cette opinion ou
l'affronter. A peine l'autorité a-t-elle désigné sa demeure, à peine en a-t-il pris possession, que les autres
habitations reculent jusqu'à ce qu'elles ne voient plus
la sienne. C'est au milieu de cette solitude et de cette
espèce de vide formé autour de lui qu'il vit seul avec
sa femelle et ses petits, qui lui font connaître les peines
de l'homme. Sans eux, il n'en connaîtrait que les gé-
missements..... Un signal lugubre est donné, un mi-
nistre abject de la justice vient frapper à sa porte et
l'avertir qu'on a besoin de lui : il part, il arrive sur une
place publique couverte d'une foule pressée et palpi-
tante. On lui jette un empoisonneur, un parricide, un
sacrilége; il le saisit, il l'étend, il le lie sur une croix
horizontale, il lève le bras. Alors, il se fait un silence

horrible, et l'on n'entend plus que le cri des os qui éclatent sous la barre et les hurlements de la victime. Il la détache, il la porte sur une roue ; les membres fracassés s'enlacent dans les rayons ; la tête pend ; les cheveux se hérissent, et la bouche, ouverte comme une fournaise, n'envoie plus par intervalle qu'un petit nombre de paroles sanglantes qui appellent la mort. Il a fini : le cœur lui bat, mais c'est de joie ; il s'applaudit ; il dit dans son cœur : nul ne roue mieux que moi. Il descend ; il tend sa main souillée de sang, et la justice y jette de loin en loin quelques pièces d'or qu'il emporte à travers une double haie d'hommes écartés par l'horreur. Il se met à table, et il mange ; au lit ensuite, et il dort. Et le lendemain, en s'éveillant, il songe à toute autre chose qu'à ce qu'il a fait la veille. Est-ce un homme ? Oui. Dieu le reçoit dans ses temples et lui permet de prier. Il n'est pas criminel ; cependant aucune langue ne consent à dire, par exemple, *qu'il est vertueux, qu'il est honnête homme, qu'il est aimable,* etc. Nul éloge moral ne peut lui convenir ; car tous supposent des rapports avec les hommes, et il n'en a point (1). »

Il y a une partie de cette horrible peinture qui n'est malheureusement que trop vraie : c'est le tableau des supplices encore en usage dans toute l'Europe la veille de la Révolution française. Mais ce qui concerne le bourreau serait mieux à sa place dans un conte d'Hoff-

(1) *Soirées de Saint-Pétersbourg,* t. I, p. 38 et suiv., édit. de Lyon. 1845.

mann ou de Charles Nodier que dans une œuvre de philosophie politique. Cette cruauté infernale que vous reprochez au bourreau, c'est celle du fanatisme et de l'ignorance, celle de la vieille société, des vieilles lois et des vieilles cours de justice, de cet ordre de choses à jamais abîmé et disparu, et que vous vouliez maintenir éternellement debout comme une institution divine. Aujourd'hui que la société est plus clémente, aujourd'hui que l'humanité s'est fait jour, même dans le code pénal, le bourreau, lui aussi, est devenu plus humain et ne ressemble plus nulle part à ce personnage fantastique dont vous nous parlez. Voulez-vous qu'il disparaisse tout à fait, comme on est autorisé à espérer qu'il disparaîtra un jour? Supprimez la peine de mort. J'ai dû, en passant, m'arrêter sur cette sombre page, parce que c'est une de celles qui ont le plus vivement frappé les esprits.

N'admettant les supplices qu'au nom de l'expiation, au nom de la vengeance divine, sans aucun avantage pour la société et sans aucune intention d'amender le coupable, il est naturel que de Maistre les justifie tous, qu'il les regarde tous comme également légitimes, et n'accuse jamais la loi, si cruelle qu'elle puisse être, d'un excès de sévérité. Il ne trouve jamais qu'elle frappe trop fort ni trop souvent. «Le mal étant sur la terre, dit-il, il agit constamment, et par une conséquence nécessaire, il doit être constamment réprimé par le châtiment..... Le glaive de la justice n'a point de fourreau; toujours il doit menacer ou frapper. Qu'est-ce donc qu'on veut dire, lorsqu'on se plaint de l'*impunité du crime?* Pour qui sont le knout, les gibets, les roues et les bûchers (1)? »

Bien plus, de Maistre n'admet pas que la justice puisse se tromper; il n'entre pas dans son esprit qu'elle ait jamais condamné un innocent. Aussi, avec quelle indignation il flétrit une des plus nobles actions de Voltaire : la réhabilitation de Calas. Il est évident pour lui, par cela seul qu'il a expiré sur la roue, et que Voltaire a demandé la révision de son procès, qu'il est mort coupable. Si pourtant l'on insiste, si on lui offre de prouver jusqu'à l'évidence que des hommes ont péri sur l'échafaud pour des crimes dont on a découvert plus tard les véritables auteurs, alors il vous répond, avec un sans-façon de grand seigneur, qu'ils ont probablement mérité leur sort pour quelque autre forfait resté inconnu. Cette manière cavalière de distribuer les supplices nous rappelle ce légat qui criait, pendant le massacre des Albigeois : Frappez toujours, Dieu saura reconnaître les siens.

Après avoir parlé des châtiments, de Maistre s'occupe des maladies, qui ne sont à ses yeux qu'une autre forme de la justice..... non, il faut l'appeler par son nom, de l'implacable vengeance de Dieu. Toutes ou presque toutes les maladies qui affligent l'espèce humaine ne sont, dans son opinion, que les peines que nous avons méritées par nos péchés, par nos vices ou par nos crimes. Tout malade est coupable. « Pour moi, dit-il, je ne puis me refuser au sentiment d'un nouvel apolo-

____

(1) *Soirées de Saint-Pétersbourg*, t. I, p. 42.

giste, qui a soutenu que toutes les maladies ont leur source dans quelque vice proscrit par l'Évangile. » D'ailleurs, si nous ne sommes pas malades par notre propre faute, nous le sommes par celle de nos ancêtres, et, en vertu du dogme de la reversibilité des peines, cela suffit pour que nos souffrances soient légitimes. Il a trouvé dans son imagination un nouveau système de pathologie qui lui montre que les maladies suivent exactement, dans leurs variétés, l'analogie des péchés et des crimes. Mais ce sont principalement les maladies caractérisées, ou celles qu'on désigne par un nom particulier, comme l'apoplexie, la phthisie pulmonaire, la jaunisse, l'hydropisie, la lèpre, etc., qui accusent chez celui qui les éprouve un haut degré de perversité ou de corruption. « Plus l'homme est vertueux, nous assure-t-il, et plus il est à l'abri des maladies qui ont un nom. » Cela prouve que jusqu'à l'époque où il écrivait ces mots, de Maistre n'avait jamais été atteint par une infirmité de ce genre, et que la santé, chez lui, tenait plus de place que la charité. Mais il ne prévoyait pas, hélas! tout prophète qu'il était, qu'il mourrait d'une attaque d'apoplexie, et l'apoplexie est catégoriquement désignée parmi les maladies prohibées et antichrétiennes.

La science elle-même, telle qu'elle existe aujourd'hui, telle que l'a faite la méthode analytique et inductive, la méthode du xviiie siècle, c'est tout dire, est un état de déchéance, la plus triste de nos infirmités, le plus lourd châtiment qui nous soit infligé par la justice divine. C'est notre esprit qui rampe, qui se traîne douloureusement et tristement sur la terre, tandis qu'il devrait, selon les desseins de Dieu, traverser avec des ailes les célestes espaces. C'est précisément ce que la science a été dans l'origine, au moment où Dieu venait de nous la communiquer avec la parole, et c'est par les péchés de l'homme, par son incrédulité et par ses crimes, qu'elle est devenue ce qu'elle est aujourd'hui. C'est dire que de Maistre fait la parole d'institution divine; qu'il la fait naître avec l'homme lui-même, par un miracle de la création, et qu'il fait la science aussi ancienne que la parole. Cette proposition, sur laquelle est bâtie toute la philosophie de Bonald, a été enseignée pour la première fois par le théosophe Saint-Martin, et c'est à lui que l'a empruntée l'auteur des *Soirées de Saint-Pétersbourg* pour l'incorporer, en quelque façon, dans son système général. Tout ce qui pouvait humilier la raison humaine, et par conséquent la liberté, objet suprême de ses malédictions, lui semblait bon à prendre, n'importe de quelle main.

Après tout, l'institution divine de la parole et la révélation surnaturelle de toutes les sciences sont des hypothèses purement spéculatives, qui n'ont rien en elles-mêmes d'absolument contraire aux saines notions du droit. Mais voici une proposition d'un autre ordre, qui, en poussant à l'extrême le principe de l'expiation, appelle nos malédictions et notre haine sur ce qu'il y a de plus digne de notre pitié, sur la portion la plus misérable et la plus délaissée du genre humain. Si l'homme est ignorant comme il est malheureux, uniquement par sa faute, uniquement par son orgueil et par ses crimes, alors que faut-il penser de ceux qui, non-seulement se sont éloignés de la vérité, mais qui en ont perdu toutes les traces ; qui non-seulement se sont arrêtés dans la vanité et dans l'illusion d'une science fausse, d'une civilisation corruptrice, mais qui sont restés étrangers à la civilisation, plongés qu'ils étaient dans la nuit la plus profonde? Que faut-il penser, en un mot, des sauvages? Les sauvages, pour de Maistre, ne sont pas des enfants qui n'ont pas encore pu atteindre jusqu'à nous, ou des hommes délaissés qui sont demeurés en arrière de leurs frères, faute de connaître le chemin qu'ils ont suivi ; non, ce sont des hommes arrivés au dernier terme de la dégradation, de la déchéance, de la décrépitude et du crime : ce sont des maudits, des réprouvés, qui souffrent avec justice des misères qui les écrasent, et pour lesquels nous ne pouvons éprouver assez d'horreur. Quoiqu'on ait pu déjà se familiariser avec ce tissu d'abominables rêves, je craindrais d'être accusé d'exagération, si je ne laissais la parole à de Maistre lui-même.

«On ne saurait fixer un instant ses regards sur le sauvage sans lire l'anathème écrit, je ne dis pas seulement sur sa race, mais jusque dans la forme extérieure de son corps. C'est un enfant difforme, robuste et sauvage, en qui la flamme de l'intelligence ne jette plus qu'une lueur pâle et intermittente ; une main redoutable, appesantie sur ces races dévouées, efface en elles les deux caractères de notre grandeur, la prévoyance et la perfectibilité. Le sauvage coupe l'arbre pour cueillir le fruit ; il détruit le bœuf que les missionnaires viennent

de lui confier, et le fait cuire avec le bois de la charrue.
Depuis plus de trois siècles, il nous contemple sans avoir
rien voulu recevoir de nous, excepté la poudre pour
tuer ses semblables et l'eau-de-vie pour se tuer lui-
même ; encore n'a-t-il jamais imaginé de fabriquer ces
choses ; il s'en repose sur notre avarice qui ne lui manquera jamais (1). »

Mais comment, pourquoi le sauvage est-il descendu
à ce degré d'abjection, au-dessous de tous les autres
hommes ? Une fois embarqué pour le pays des chi-
mères, comme dit Rousseau, il ne faut plus se montrer
avare d'invention ; une première hypothèse en amène
une autre, et celle-ci une troisième, jusqu'à ce qu'on
arrive à la conclusion du roman, s'il doit et s'il peut y
en avoir une. Ce qui a produit l'état sauvage, c'est un
crime extraordinaire que notre raison même ne peut
plus concevoir aujourd'hui et que nos forces ne suffiraient pas à accomplir. « Un chef de peuple, ayant altéré
chez lui le principe moral par quelques-unes de ces
prévarications qui, suivant les apparences, ne sont plus
possibles dans l'état actuel des choses, parce que nous
n'en savons heureusement plus assez pour devenir coupables à ce point ; ce chef de peuple, dis-je, transmit
l'anathème à sa postérité ; et toute force constante étant
de sa nature accélératrice, puisqu'elle s'ajoute conti-
nuellement à elle-même, cette dégradation, pesant sans
intervalle sur les descendants, en a fait à la fin ce que
nous appelons des sauvages (2). »

(1) *Soirées de Saint-Pétersbourg*, p. 102.
(2) *Soirées de Saint-Pétersbourg*, p. 100.

C'est dommage que les Pizarre et les Fernand Cortès n'aient point connu cette belle théorie, elle les aurait mis à l'aise. Mais heureusement elle ne peut tenir devant les faits. L'état sauvage a ses degrés comme la vie civilisée. Parmi les peuples de l'Amérique et de l'Océanie, les uns se plient avec docilité aux arts de la civilisation quand on les leur enseigne avec humanité et avec de sages précautions. Tels sont les habitants du Paraguay, complétement transformés par la discipline des jésuites ; ceux des îles Marquises et des îles Sandwich, qui, nous ayant emprunté jusqu'à nos journaux, apprécient très-haut, à ce qu'on assure, la liberté de la presse. Les autres se refusent à toute culture, parce qu'on a tout fait pour la leur rendre odieuse, parce qu'elle se lie dans leur pensée aux traitements horribles dont notre cruauté et notre avarice les ont rendus victimes. Les Peaux-Rouges de l'Amérique du nord se trouvent dans ce dernier cas. Enfin, n'a-t-on pas trouvé chez les Astèques, dans l'empire de Montézuma, une organisation civile, politique et religieuse, d'une origine tout à fait indigène ? Laissons donc ces imprécations et ces haines d'une âme malade. Appliquons-nous à instruire ces races jeunes et naïves, dont la science et la fortune nous ont faits les aînés, c'est-à-dire les protecteurs.

Après la justification de toutes les souffrances, après l'apologie de toutes les supplices, même de ceux qui sont infligés à des innocents, après l'apothéose du bourreau, après l'anathème prononcé contre tous les peuples sauvages, vient la glorification mystique, ou, pour mieux dire, la sanctification de la guerre ; non parce que la guerre est nécessaire, non parce qu'elle est utile, non parce qu'elle nous montre souvent le droit confondu avec la force, non parce qu'elle est une source de mâles vertus et un instrument puissant de civilisation; mais parce qu'elle est le plus formidable auxiliaire de la mort, parce qu'elle fait couler le sang par torrents, parce qu'elle couvre la terre d'hécatombes humaines. La guerre, selon de Maistre, est un fait surnaturel, un miracle permanent, par lequel Dieu lui-même assouvit sa vengeance et accomplit la loi d'expiation. Pourquoi, en effet, le bourreau, qui ne verse que le sang coupable, est-il flétri par l'opinion, tandis que le soldat, qui répand le sang innocent, est habituellement pour nous le type de l'honneur? Pourquoi les nations n'ont-elles pas encore pu se mettre d'accord pour supprimer leurs armées et assurer la paix? Pourquoi les époques les plus glorieuses de l'histoire sont-elles précisément celles qui ont été témoins des guerres les plus générales et les plus durables? Pourquoi cet homme inoffensif, cet adolescent qui, en temps ordinaire, ne verserait pas une goutte de sang, même d'un sang animal, éprouve-t-il sur le champ de bataille l'*enthousiasme du carnage?* Pourquoi? parce que Dieu se sert de lui comme d'un instrument; parce que la guerre est le plus puissant moyen de destruction, parce que l'effusion du sang est la loi de l'humanité, et, à cause des crimes de l'humanité, de toute la nature.

Le couronnement du système est dans le petit écrit qui a pour titre : *Éclaircissement sur les sacrifices.* Le dernier mot de cette composition, bien digne de servir

d'appendice aux *Soirées de Saint-Pétersbourg*, c'est que
« la chair et le sang sont coupables, et que le ciel est
irrité contre la chair et le sang ; » que dans l'effusion
du sang il est une vertu expiatrice, que le sang coupable peut être racheté par le sang innocent. De là, pour
la justice humaine, comme pour la justice divine, le
dogme de la réversibilité, ou la nécessité de frapper
l'innocent quand on ne trouve pas le coupable. De là,
chez toutes les nations, l'usage des sacrifices sanglants
et même des sacrifices humains, moins coupables qu'on
ne pense. De là, chez les nations chrétiennes, le devoir,
le droit, la nécessité absolue de multiplier les instruments, les moyens et les causes de destruction : les
échafauds et les chevalets de la justice, les fureurs de la
guerre, les bûchers de l'inquisition. Cette dernière
institution surtout est, de la part de Joseph de Maistre,
un objet de respect et de pieuse tendresse (1). Ce qu'on
appelle les crimes de l'inquisition, ce sont pour lui
« quelques gouttes d'un sang coupable versé de loin en
loin par la loi. » Peu s'en faut qu'il ne reproche, même
à l'inquisition d'Espagne, d'avoir été trop loin dans les
voies de la mansuétude.

Toutes ces idées s'enchaînent et toutes dérivent d'une
seule idée : celle de l'expiation. L'expiation étant la loi
suprême, hors de laquelle ce monde ne peut subsister,
il faut absolument qu'elle s'accomplisse, soit par la main
des hommes, soit par la main de Dieu. Tout mal est
donc expié dans ce monde ; aucun mal ne reste ni ne

______

(1) Voyez les *Lettres sur l'Inquisition.*

doit rester impuni. L'erreur est assurée de son châtiment aussi bien que le crime, les fautes involontaires
comme les fautes commises avec préméditation, les
infractions à la règle des mœurs et aux préceptes de la
religion, comme les attentats contre l'ordre social.
Par conséquent tout mal est une expiation, toute déchéance est un crime. Mais pour avoir raison du principe, il suffit de faire justice des conséquences.

D'après l'antique religion des Mages, telle qu'elle nous
a été conservée dans le Zend-Avesta, l'existence de ce
monde, qui est de cent vingt siècles, se partage en quatre
périodes d'une durée égale de trois mille ans. Pendant
les deux dernières de ces périodes devront régner tour
à tour, sans contrôle et sans partage, le bon et le mauvais principe, Ormuzd et Ahrimane. Cette vieille croyance
compte encore de nombreux adeptes, qui vivent paisi-
blement au nord-ouest de l'Inde, dans une province
qu'on appelle le Guzarate. Si quelqu'un d'entre eux venait nous dire que le temps d'Ahrimane est enfin arrivé
et si, pour nous le prouver, il peignait avec chaleur,
avec éloquence, avec cette puissance d'imagination
qu'on est accoutumé à rencontrer dans les œuvres de
l'Orient, tous les maux qui désolent en ce moment notre
pauvre globe, tous les fléaux qui déciment l'espèce humaine, les inondations, les tremblements de terre, les
révolutions, les guerres, sans oublier celles de Crimée
et d'Italie, celles de l'Inde et des États-Unis, les maladies nouvelles ajoutées aux maladies anciennes, les
crimes, les vengeances, la corruption des mœurs, le
doute, l'impiété, les mauvais livres et les mauvaises doc-

trines, aussi nombreuses que les mauvaises actions; en quoi donc cette opinion serait-elle plus décourageante et plus impie que celle de Joseph de Maistre? Y a-t-il plus de justice, plus d'humanité dans l'une que dans l'autre? Il ne serait même pas difficile de soutenir que le disciple de Zoroastre a un grand avantage sur l'auteur des *Soirées de Saint-Pétersbourg,* car enfin pour le premier les douleurs du genre humain et de la nature entière doivent avoir un terme, et un terme heureux, dont l'attente peut être un motif de patience et de courage. C'est Ormuzd qui aura le dernier mot de ce terrible dialogue. C'est lui qui finalement restera le maître du champ de bataille : il convertira la terre en un vaste paradis ; tous ceux qui auront souffert en seront récompensés par un bonheur éternel ; les méchants, purifiés de leurs crimes par le repentir et l'expiation, seront admis au nombre des bienheureux ; l'auteur même de nos malheurs et de nos mauvaises pensées, le prince des ténèbres, s'avouant vaincu, et assez puni par sa chute, deviendra un ange de lumière et offrira un sacrifice à l'éternel.

Dans le IIᵉ siècle de notre ère, il a existé des sectaires, une classe particulière de gnostiques, qui professaient un dogme singulier : c'est que ce monde n'est pas l'œuvre du vrai Dieu, du Dieu suprême et pur esprit, mais d'une puissance subalterne et malfaisante, créateur du ciel et de la terre. Comment supposer, disaient-ils, qu'un Dieu pur esprit, dont l'essence est la bonté, la raison, l'intelligence, l'amour, la pureté, la grâce, a créé cet univers plein d'imperfections, de larmes, de crimes, de douleurs, de hontes et de misères ? qu'il ait attaché notre âme à ce corps infirme et immonde, source des souillures, des souffrances et des ténèbres au milieu desquelles nous végétons? Le Créateur du ciel et de la terre, dont la Genèse nous raconte l'histoire, le Créateur de notre corps ne doit donc pas être confondu avec le Dieu suprême dont nous tenons notre âme, notre esprit immortel. Celui-ci est le Dieu éternel, le vrai Dieu ; celui-là n'est qu'un démon, une divinité envieuse, qui s'est emparé de nos âmes, de l'âme de notre premier père, par ruse et par violence, afin de la souiller et de la torturer. Le seul moyen de recouvrer notre liberté consiste donc à détruire les œuvres de ce génie oppresseur; plus il y aura de désastres dans ce monde, plus il y aura de massacres, de guerres, de meurtres et de sang répandu, plus nous serons près de notre délivrance, plus le Dieu supérieur sera satisfait, plus il sera vengé de son ennemi et sûr de nous recevoir dans son royaume, asile de l'innocence, de la vérité et de la paix. Aussi, les ministres de ce Dieu ne manquent-ils pas à cette sainte tâche ; ils promènent par toute la terre l'épée de la destruction, qui n'est que l'instrument de la délivrance; et dès cette vie les âmes éclairées par la vraie foi, animées par la vraie charité, s'efforcent de les imiter en détruisant tout ce qui tombe sous leur pouvoir, en se servant de leur corps pour anéantir celui de leurs semblables et verser à flots le sang humain, l'holocauste le plus agréable au Dieu éternel. C'est précisément ce qu'a fait Caïn en tuant son frère Abel; et c'est lui qu'il faut imiter, lui le serviteur du vrai Dieu, non le timide Abel, esclave avili de notre oppresseur, de l'esprit créateur du ciel et de la terre. De là vient que ces sectaires ont reçu ou se sont donné eux-mêmes le nom de *caïnites*, c'est-à-dire les disciples, les imitateurs de Caïn.

Assurément cette doctrine est le comble de l'horreur et de l'extravagance. Mais si l'on en retranche le meurtre érigé en précepte et la prétention de faire de Caïn le symbole des honnêtes gens, en quoi donc est-elle plus horrible et plus extravagante que celle de Joseph de Maistre? N'y trouvons-nous pas cette proposition, que le sang répandu a une vertu réparatrice? que la destruction est une loi divine qui pèse également et qui doit peser jusqu'à la fin du monde sur la nature et sur l'humanité? que la guerre est divine, parce qu'elle est l'instrument le plus puissant de la destruction, et que, toujours satisfait quand l'ange d'extermination a bien rempli sa tâche, Dieu ne met aucune différence entre le sang de l'innocent et celui du coupable? Je dirai comme tout à l'heure : s'il y a une différence entre les deux systèmes, elle est tout entière à l'avantage des hérétiques du IIe siècle. La mort n'était pour eux qu'une délivrance. Ce corps, prison de l'âme, triste cachot construit par les enchantements du mauvais génie, devait être détruit par les ordres de la bonté divine, afin que l'enfant exilé pût regagner la maison de son père. Mais dans l'opinion de Joseph de Maistre, c'est Dieu lui-même, qui, sans profit pour personne, sans autre but que la satisfaction de son implacable vengeance, se plaît à torturer sa propre créature et à verser la coupe inépuisable de sa colère sur l'œuvre de ses mains.

Prenons un exemple un peu moins merveilleux et plus rapproché de nous. Pendant cette terrible période de la Révolution française qui s'étend de 1792 à 1794, il y a eu des hommes qui pensaient que la France ne pourrait être libre et heureuse que lorsqu'elle aurait perdu par l'échafaud ou autrement cent mille têtes, et ces exécrables faucheurs, se mettant aussitôt à l'œuvre, trouvent partout des instruments tout prêts à traduire leur pensée en action. En quoi donc cette idée parricide est-elle plus digne de notre exécration que celle que de Maistre nous a donnée du gouvernement temporel de la Providence? Cent mille têtes abattues, au bout de huit siècles de durée, pour servir de rançon à la liberté et au bonheur d'une suite incalculable de générations, ne peuvent pas entrer en comparaison avec ces guerres, ces pestes, ces fléaux, ces boucheries, ces supplices qui désolent le genre humain depuis son origine, et qui devront le décimer jusqu'à la consommation des siècles, sans qu'il en devienne jamais ni meilleur ni plus heureux, sans que les tortures qui lui sont infligées dans cette vie puissent le racheter de celles qui lui sont réservées dans l'autre. Je sais bien qu'entre la théorie et la pratique la distance est énorme. Marat, Robespierre, Saint-Just, Couthon, autant qu'ils l'ont pu, ont mis leurs desseins à exécution. De Maistre s'est contenté d'être l'interprète et le législateur de la Providence; il n'est pas sorti des bornes de la spéculation. Mais en nous plaçant à son point de vue, tout le sang qui a été versé sous le régime de la Terreur ne devait-il pas être fatalement répandu? Dieu lui-même n'a-t-il pas créé par un miracle exprès ces instruments vivants destinés à faire jouer cet autre instrument qui se dressait sur la place de la Révolution? Ceci n'est que de la logique ; voici une autre question plus embarrassante. Je suppose qu'un des rois absolus de l'Europe, après avoir lu l'*Eclaircissement sur les sacrifices* et les *Lettres sur l'inquisition*, se fût proposé à l'égard des protestants de ses États le même plan de conduite que Ferdinand et Isabelle ont suivi avec tant de constance contre les Juifs et les Maures, et qu'il eût confié à de Maistre le rôle de grand inquisiteur ; de Maistre aurait-il refusé? Je ne sais ; mais s'il l'avait fait, il aurait abandonné ses principes ; et s'il était resté fidèle à ses principes, sa conduite n'aurait pas été meilleure, elle aurait été plus féroce que celle de Marat, Robespierre, Couthon et Saint-Just, parce qu'à l'horreur du meurtre accompli en masse il aurait joint le raffinement des supplices.

Ces simples rapprochements suffiront, je l'espère, pour montrer ce qu'il y a d'impie, de sacrilége, d'inhumain, et finalement de dangereux, dans les opinions de Joseph de Maistre sur le gouvernement temporel de la Providence. Joseph de Maistre se sert de la Providence comme d'une machine faite pour étayer le pouvoir absolu des rois et les priviléges héréditaires de la noblesse. Cela seul est une profanation, mais qui n'égale pas la pensée d'effacer de toute la nature et du cœur de l'homme les traces de la bonté divine, pour n'y laisser voir que des preuves de sa colère et de sa vengeance. Je dis de la vengeance et non de la justice, car il n'est pas juste celui qui frappe sans distinction l'innocent et le coupable, et qui pousse à la destruction de ses créatures la main la plus généreuse comme la plus vile, celle du soldat et celle du bourreau. Comment les philosophes de l'antiquité et des temps modernes, et les théologiens aussi bien que les philosophes, les auteurs sacrés et les auteurs profanes, ont-ils toujours démontré l'existence de Dieu? Par les marques de sa bonté plus encore que par celles de son intelligence. Le psalmiste nous dit dans la belle langue de Racine :

> Aux petits des oiseaux il donne leur pâture,
> Et sa bonté s'étend sur toute la nature.
> Il donne aux fleurs leur aimable peinture,
> Il fait naître et mûrir les fruits,
> Il leur dispense avec mesure
> Et la chaleur des jours et la fraîcheur des nuits ;
> Le champ qui les reçut les rend avec usure (1).

Socrate, dans les *Souvenirs de Xénophon*, Platon dans le *Timée* et dans le Xe livre des *Lois*, tiennent absolument le même langage. Ils nous montrent l'un et l'autre que l'homme et la nature sont l'œuvre d'un être plein de tendresse et de prévoyance. Il a fait le monde, dit Platon, parce qu'il est bon. Cette tradition s'est conservée à travers le moyen âge jusqu'au temps où nous vivons. Ecoutez Bossuet, écoutez Fénelon et les philosophes les plus voisins de nous, tous vous diront qu'à l'œuvre on reconnaît l'ouvrier, que les richesses et les splendeurs de l'univers, que la bonté et la justice, im-

(1) *Athalie*, acte Ier, scène 4.

primés en caractères ineffaçables dans le cœur de l'homme, nous sont témoins d'un Dieu dont l'amour est infini, dont la justice même est une forme de l'amour. Eh bien ! voici un homme qui se dit le restaurateur de la foi, qui amasse volumes sur volumes pour dénoncer l'impiété, les crimes, les erreurs de ses contemporains, et qui vient nous dire, on sait de quel air et de quel ton, que Dieu n'a créé l'homme que pour le torturer jusqu'à la consommation des siècles ; qu'il n'a multiplié les êtres vivants que pour leur faire sentir l'aiguillon de la souffrance et les livrer en pâture les uns aux autres ; qu'il n'a tiré le monde du néant que pour en faire l'autel de sa vengeance, sur lequel l'ange de la mort immole sans interruption des hécatombes humaines. Quelle manière de nous rendre reconnaissants de l'existence, de nous rattacher à la vie comme à un bienfait reçu d'une main bénie et chère, de réveiller dans les cœurs les trois vertus théologales : la foi, l'espérance et la charité !

Oui, la charité y passe comme le reste : car pourquoi aimer les hommes, si Dieu les châtie si durement ? Pourquoi les aimer, si je ne dois voir en eux que des coupables ? Pourquoi les plaindre quand ils souffrent, les défendre quand on les accuse, les instruire quand ils sont dans l'ignorance, les délivrer quand ils sont esclaves, les tirer des ténèbres de la barbarie et de la vie sauvage ? Ils ne souffrent et ne sont accusés et condamnés, ils n'ont perdu la trace de la vérité, ils ne sont tombés sous le joug de la servitude, devenus étrangers aux douceurs et aux lumières de la civilisation, que parce qu'ils l'ont mérité par leurs crimes ou par les crimes de leurs ancêtres. Laissons-les donc où ils sont ; n'ayons point l'orgueil impie de valoir mieux que Dieu lui-même. Laissons passer la justice de Dieu.

Après avoir montré à quel point cette doctrine est à la fois irréligieuse et inhumaine, il serait tout à fait superflu d'en faire ressortir le côté fantastique. J'ai déjà dit ce qu'il fallait penser de l'existence surnaturelle du bourreau et de l'anathème qui pèse sur les sauvages ; il ne nous sera pas difficile de nous faire la même opinion du caractère divin de la guerre.

Il en est de la guerre comme des supplices : elle perd du terrain à mesure que la raison et la liberté en gagnent. Elle est moins fréquente aujourd'hui qu'elle ne l'était autrefois, et elle le sera moins encore dans l'avenir qu'aujourd'hui. Pourquoi cela ? Pour deux raisons principales. Quand les nations délivrées du despotisme ont pris le parti, sous une forme de gouvernement ou sous une autre, de s'occuper elles-mêmes de leurs affaires, elles ne font plus la guerre que lorsque leur honneur et leur indépendance l'ont rendue indispensable. Alors aussi elles comprennent que leur intérêt est de rester unies, de terminer leurs différends par la persuasion, par la parole, par les voies pacifiques plutôt que par la voie des armes, et d'échanger sans interruption, les unes avec les autres, les produits de leur sol, de leur industrie, de leur imagination et de leur intelligence. Ce n'est pas la volonté divine, mais l'orgueil et la folie des hommes qui ont multiplié dans le passé les boucheries humaines ; car, s'il en était autrement, si la guerre était un châtiment céleste, les générations les plus coupables seraient précisément celles que vous nous proposez pour modèles: je veux parler des générations du moyen âge.

En dépit de l'admiration qu'il a inspirée pendant longtemps et qu'il excite encore aujourd'hui dans un certain parti, le système de Joseph de Maistre, de quelque point de vue qu'on le considère, du côté de la religion, du côté de la morale, du côté de la politique ou du droit, ne peut soutenir un instant l'épreuve de la critique. Qu'est-ce donc qui a fait la fortune de de Maistre? Trois choses sans lesquelles, hors de la vérité et du génie, il ne peut se fonder aucune renommée éclatante, et dont le génie lui-même ne peut pas toujours se passer: l'à-propos, la passion, le style. De Maistre est venu dans un temps où le parti du pouvoir absolu et de l'intolérance religieuse était dispersé par le vent de la révolution et courbé jusqu'à terre. Du sein même de la tempête, au milieu des bruits de la foudre, il lui a montré l'avenir et a osé lui parler d'espérance. Il a fait plus encore, il lui a fourni des armes et s'est placé à sa tête ; il a apporté à ses prétentions surannées et insensées une justification et un symbole qui leur manquaient, tout un système d'attaque et de défense qui, à défaut de vérité, frappe par sa nouveauté et par sa hardiesse. Il a pris dans l'ordre moral le même rôle que le duc de Brunswick devait jouer dans l'ordre matériel. Il s'est fait le général en chef de tous les cœurs mécontents et de tous les esprits rétrogrades. Cette tâche courageuse et chevaleresque, il l'a poursuivie pendant vingt-six ans, on sait avec quelle audace et avec quelle passion. Il n'en pouvait pas être autrement : il combattait *pro aris et focis;* il combattait pour sa patrie, pour sa famille, qu'il aimait d'un amour idolâtre. Il combattait pour sa caste et ses priviléges héréditaires. Cela suffisait pour l'entourer d'une autorité immense et d'une reconnaissance sans bornes au sein de son parti; cela ne suffisait pas pour lui assurer l'admiration publique. Ce dernier sentiment, il le doit tout entier, il le doit uniquement aux qualités incomparables de son style. De Maistre est un écrivain du premier ordre, mais dans un genre qui a ses défauts, parce qu'il ne compte pas scrupuleusement avec le bon sens et avec le goût; c'est un écrivain romantique. C'est à cette école, qui devrait le compter au nombre de ses fondateurs, qu'appartiennent à la fois et les sombres couleurs de son imagination et la chaleur outrée, les mouvements abruptes de son éloquence. Dans l'école romantique elle-même, il y a un groupe pour lequel il a une affinité particulière : c'est l'école fantastique. Il tient de Callot, de Rembrandt et de Hoffmann; ses plus belles pages sont celles qui nous rappellent le dessin et la couleur de ces deux artistes et les inventions terribles de ce conteur. Le portrait du bourreau, la description de la guerre et l'explication de la vie sauvage ne seraient pas déplacés à côté du *Majorat* et de *L'Homme au sable;* cela est absurde, mais fait courir dans le sang un frisson d'horreur.

A. FRANCK.   4

CHAPITRE V.

QUE LE DROIT DE PUNIR NE RENTRE PAS DANS L'ART DE GUÉRIR,
ET QUE LE CRIMINEL N'EST PAS UN MALADE (SYSTÈME DU
DOCTEUR GALL).

En face de la doctrine qui ne voit partout que des coupables apparaît celle qui n'en voit nulle part. Les extrêmes s'appellent et se touchent, ils répondent l'un à l'autre comme l'abîme répond à l'abîme. Une loi fatale, ou plutôt providentielle, oblige les plus dangereuses erreurs de l'esprit humain à se détruire mutuellement.

Si, dans les idées de Joseph de Maistre, tous ceux qui sont frappés par la main de Dieu ou par la main des hommes, tous ceux qui ont été touchés par l'adversité, et les malades mêmes, nous sont représentés comme des criminels, il y a une opinion entièrement opposée où les criminels, quels qu'ils soient, si odieux et si réfléchis que puissent être leurs forfaits, nous sont peints comme des malades, comme des infirmes, comme des victimes d'une organisation altérée ou vicieuse, auxquelles les secours de la médecine conviendraient mieux que les rigueurs de la justice. Cette opinion est professée depuis environ cinquante ans par deux écoles très-distinctes, et qui ne se touchent que par ce seul point : par les phrénologistes et certains médecins particulièrement occupés des maladies mentales, ou, pour me servir d'un terme consacré, certains médecins aliénistes.

Il suffit, pour le but que je me propose en ce moment, de rappeler d'une manière sommaire les principes sur lesquels repose cette science imaginaire que le docteur Gall, au commencement de ce siècle, enseignait à Paris avec tant d'éclat, et qui, répudiée par l'opinion publique aussi bien que par les savants vraiment dignes de ce nom, est restée dans les bas-fonds du monde intellectuel, et continue d'être cultivée avec un véritable fanatisme par certaines sociétés spéciales. Il n'y a pas longtemps que j'ai entendu moi-même un de ses apôtres, au sein d'une société ethnographique, exposer sa doctrine avec une conviction, une ferveur, un ton d'autorité que j'aurais cru un peu découragés par une longue suite de lamentables échecs. Chacun des attributs qui caractérisent notre espèce et que nous avons coutume de rapporter à une substance distincte du corps, bien qu'ils existent en grande partie chez les animaux, chacun de nos instincts, de nos penchants et de nos sentiments, chacune enfin de nos facultés intellectuelles est matériellement circonscrite, ou, comme on dit, *localisée* dans une partie du cerveau dont elle dépend entièrement ; en sorte que nos facultés sont dans une proportion exacte avec la place qu'elles occupent dans l'encéphale, faibles ou fortes selon les dimensions de l'organe qui leur est assigné par la nature, complétement absente quand l'organe est absent. Aucune de nos facultés n'échappe à cette loi, pas même la conscience, pas même la volonté, c'est-à-dire qu'il y a un organe particulier de la volonté, un organe particulier de la conscience, comme il y en a un pour chacun des cinq sens qui nous mettent en relation avec le monde extérieur. Tous ces organes venant s'épanouir à la surface du cerveau, et le cerveau à son tour déterminant la forme du crâne, il suffit, avec un peu d'habileté et d'expérience, de passer les doigts sur la tête d'un homme pour connaître à l'instant même ses qualités et ses vices, ses bons et ses mauvais penchants, les aptitudes et les infirmités de son intelligence. Afin de mettre ce genre d'investigation à la portée de tout le monde, le collaborateur et l'ami du docteur Gall, Spurzheim a dressé une carte cranioscopique, à l'imitation des cartes géographiques, où chacun des organes dont le cerveau est l'assemblage, et par conséquent chacune de nos facultés a ses bornes précises comme les départements de la France. Ces bornes nous font connaître l'état régulier de notre âme et de notre esprit ; en deçà il y a lacune, au delà il y a excès.

Les conséquences morales de ce système ne sont pas difficiles à apprécier, et ont été franchement reconnues par les adeptes sincères de la phrénologie. Si nos facultés, toutes nos facultés, même la volonté, sont entièrement subordonnées à l'état de nos organes, au volume plus ou moins considérable des diverses parties de notre cerveau, il n'y en a pas une qui soit en notre pouvoir, pas une que nous puissions étendre ou circonscrire. Nous sommes, nous resterons toute notre vie ce que la nature nous a faits, et pas autre chose.

Si par exemple la bosse de la destruction l'emporte de beaucoup sur celle de la bienveillance, de la conscience, de la religion (car il y a aussi une bosse de la religion), nous serons nécessairement, inévitablement des hommes violents, des assassins. Si le même phénomène se présente dans la bosse de la propriété, nous chercherons à nous enrichir, n'importe à quel prix, et nous serons fatalement entraînés dans les voies de la fraude, de l'escroquerie et du vol. « Ne nous flattons pas, dit naïvement (1) le patriarche de la phrénologie, le docteur Gall lui-même ; ne nous flattons pas d'avoir sauvé la nature du reproche d'être l'auteur du penchant au vol ; ce penchant est le résultat d'un très-grand développement et d'une activité très-énergique du sentiment de la propriété. » Ce ne serait rien encore d'avoir tous ces penchants plus ou moins funestes, si en même temps il existait en nous une lumière propre à nous éclairer sur leur perversité et un principe dominateur, absolument indépendant de la conformation de notre crâne, qui eût la puissance de les contenir dans les bornes de la justice. Mais la conscience, encore une fois, est soumise aux mêmes conditions que nos autres facultés ; sa voix sera plus ou moins comprise, plus ou moins entendue selon les dimensions de sa demeure, ou selon la place que lui auront laissée des puissances rivales. Et ce que nous disons de la conscience s'applique également à la volonté. Un penchant, une passion dans cet ordre d'idées, peut donc être con-

(1) *Physiologie du cerveau*, t. IV, p. 238.

4.

sidérée comme une force brute, inintelligente, qui produit inévitablement son effet quand elle n'est pas arrêtée dans sa marche par une force contraire. Tout penchant se manifestera nécessairement par les actions qui lui sont propres.

Or, si l'homme n'est pas le maître de ses actions, il est tout à la fois injuste et absurde de l'en punir. Tout système pénal, sur quelque principe qu'il repose, est donc essentiellement vicieux. Il ne s'agit ni de punition, ni d'expiation, ni de contrainte morale pour un être entièrement privé de liberté, et dont le seul tort est d'avoir reçu de la nature ou un peu plus ou un peu moins qu'il ne lui était dû. Autant vaudrait punir ou intimider un homme qui boite parce qu'il a une jambe plus courte que l'autre, un homme qui louche parce qu'il n'a pas les yeux droits, un homme courbé sur lui-même parce qu'il est affligé d'une déviation de la colonne vertébrale. Que fait-on dans ces derniers cas ? on ne punit pas, on cherche à guérir ; on a recours à des instruments et à des exercices qui, peu à peu, rendent à l'organe malade la force et la santé qui lui manquent, ou qui corrigent la forme vicieuse qu'il tient d'un caprice de la nature. C'est justement ainsi qu'il faudrait procéder à l'égard de ceux que nous frappons de divers châtiments, et que nous couvrons d'infamie comme vicieux et criminels, tandis qu'ils n'ont que des infirmités : une particule cérébrale ou trop longue ou trop courte, ou trop grosse ou trop petite, ou trop faible ou trop vigoureuse, un cerveau trop étroit, un cervelet trop large, ou tout autre vice semblable. Mais y a-t-il des remèdes contre les infirmités de cette nature comme il y en a contre celles qui affectent le reste du corps ? Oui, sans doute, quand elles ne sont pas trop radicales ni trop invétérées. En s'appuyant sur ce principe, qu'on développe par une activité bien dirigée un membre trop faible ; qu'un autre, d'une dimension ou d'une énergie excessive, peut être ramené à des proportions régulières par un certain système de repos et de débilitation ; on excitera par tous les moyens les organes encéphaliqnes qui manqueront de substance et de vigueur, et l'on mettra à la diète ceux qui menaceront de prendre trop d'extension et de devenir un danger pour la société. Il y aura des maisons d'orthopédie morale et intellectuelle, comme il y en a aujourd'hui d'orthopédie physique ; on redressera les penchants et les sentiments, comme on redresse la taille. Des hospices particuliers remplaceront les prisons et les tribunaux, et le Code pénal sera détrôné par un nouveau système de thérapeutique et d'hygiène.

La doctrine de Gall a d'abord contre elle toutes les notions de la saine raison, tous les principes de la morale, toutes les clartés de la conscience. L'on n'enlèvera à aucun homme sain d'esprit cette conviction naturelle et inébranlable, qu'il est l'auteur responsable de ses actions, que le bien et le mal qu'il a fait, il aurait pu ne pas le faire ; que, par conséquent, il mérite dans le premier cas l'approbation des honnêtes gens et de sa propre conscience ; qu'il a encouru, dans le second, leur mépris et leur blâme, et que la société a le droit, non pour le corriger et le guérir, mais dans l'intérêt de l'ordre et de la justice, de lui faire sentir la rigueur de ses lois. Une conviction aussi unanime, aussi indestructible, si la nature humaine était telle que la phrénologie la comprend, serait le miracle le plus incompréhensible et le plus impénétrable de tous les mystères ; ou, pour mieux dire, elle suffit à elle seule pour renverser de fond en comble ce vain échafaudage.

Avec un système qui fait dépendre nos actions de nos penchants et nos penchants de la conformation de notre cerveau, non-seulement il n'y a pas de liberté ni de responsabilité, mais il n'y a ni bien ni mal ; car le bien, c'est la loi universelle de tous les êtres intelligents et libres, une loi qui n'admet ni exception, ni suspension, ni privilége. Or, comment parler d'universalité lorsque tout est soumis aux hasards de l'organisation, et quand nous voyons l'organisation elle-même soumise à l'influence des climats et de mille circonstances extérieures ? Il y a plusieurs races humaines nettement distinguées les unes des autres par la couleur de la peau, par la forme de la tête et des yeux : pourquoi n'offriraient-elles point le même degré de différence par le nombre et le volume de leurs organes cérébraux ? Si donc la majorité avait l'organe de la destruction et du vol plus développé que celui de la bienveillance et de la conscience, aurait-on le droit de dire que le vol et l'assassinat sont des crimes ? Ce n'est point la faculté, ou, pour parler plus clairement, ce n'est pas le principe, ne n'est pas l'idée qui fait l'organe ; c'est, au contraire, l'organe qui fait l'idée. Il suffirait donc que l'organe vînt à faillir ou à décliner quelque temps, ou à être dominé par un autre plus développé, pour que l'idée morale, la loi du devoir cessât d'exister ou d'être obligatoire. Elle ne serait plus obligatoire du moment qu'elle ne serait plus universelle. De quel droit, alors, viendrait-on même accuser de folie ceux qui refusent de lui obéir, ceux qui céderaient aux penchants les plus désordonnés et les plus pervers?

Enfin, en séparant les unes des autres, pour les loger dans autant de centres distincts, toutes nos facultés intellectuelles et morales ; en plaçant ici la mémoire, ailleurs la raison, plus loin l'imagination, plus loin encore la conscience ou les facultés religieuses, la théosophie pour parler comme Spurzheim, la phrénologie décompose l'âme, c'est-à-dire la personne humaine, comme elle décompose le cerveau. De notre moi unique, elle en fait plusieurs qui n'ont entre eux aucun rapport, qui n'exercent l'un sur l'autre aucune influence. Mais, en dépit du scalpel de Gall et de .la carte cranioscopique de son ami, notre conscience proteste de son unité, et sa voix suffit pour faire justice de toutes ces divisions arbitraires.

C'est peu pour la phrénologie d'être en contradiction avec la morale, avec la philosophie, avec la conscience du genre humain; elle n'est pas repoussée avec moins d'énergie sur son propre terrain au nom de l'anatomie et de la physiologie, au nom des faits sur lesquels se fondent toute son assurance et tout son orgueil.

Pour l'anatomie et la physiologie, il me suffit de la renvoyer à ses juges naturels, c'est-à-dire aux hommes qui, depuis le commencement de ce siècle, ont fait les recherches les plus profondes sur les fonctions du cerveau et du système nerveux, et qui sont en possession, dans cette branche des sciences naturelles, de l'autorité la plus incontestée, aux Burdach et aux Müller, à M. Flourens et à M. Lélut. Les deux ouvrages de M. Lélut : *Qu'est-ce que la Phrénologie* (1) *? Rejet de l'organologie phrénologique de Gall et de ses successeurs* (2), et celui qu'il vient de publier récemment sous le titre de *Physiologie de la pensée* (3), peuvent dispenser celui qui les a lus de recourir à d'autres preuves. Je veux citer seulement quelques faits pour montrer avec quel succès la phrénologie, dans certaines circonstances éclatantes, a invoqué le témoignage de l'expérience.

Il n'y a personne en France, ni même en Europe, qui n'ait gardé avec horreur le souvenir de Fieschi. Quand la tête de ce scélérat tomba sur l'échafaud, les amis comme les adversaires de la phrénologie la soumirent à un examen minutieux. Un procès-verbal authentique de cette autopsie fut dressé immédiatement et conservé avec les précautions nécessaires. Sait-on ce qu'on découvrit sur cette tête infâme, qui, après avoir médité froidement un des plus grands crimes qui aient épouvanté les hommes, en résolut avec le même sang-froid l'exécution? On y découvrit l'organe de l'amour des enfants, c'est-à-dire de la tendresse paternelle et de la religion ou de la théosophie. C'est un fait également connu dans l'histoire de la phrénologie que le crâne de

(1) 1 vol. in-8. Paris, 1836.
(2) 1 vol. in-8. Paris, 1843.
(3) 2 vol. in-8. Paris, 1862.

Napoléon ne présentait que les dimensions d'un crâne ordinaire, et qu'il a été impossible d'y découvrir aucun des organes qui auraient dû être le siége de son génie soit politique, soit militaire. D'un autre côté, sur la tête d'un obscur chanoine, qu'on croyait être celle de Raphael, on a signalé toutes les facultés qui appartiennent au prince de la peinture.

Il y a quelques années, un célèbre phrénologiste voulut visiter à la prison de la Force un certain nombre de bandits et d'assassins qui y recevaient alors l'hospitalité. Il prend jour avec le directeur de la prison, homme d'esprit, qui lui fait le meilleur accueil et commence par l'inviter à déjeuner. «Monsieur, dit-il au disciple de Gall, en attendant que nous soyons servis, ne vous plairait-il pas de jeter un coup d'œil sur les infirmiers que voilà et dont je désirerais bien connaître l'horoscope?» La proposition est acceptée, on palpe minutieusement cinq ou six crânes ; on n'y trouve rien de remarquable. On se met à table, on mange, on boit, on cause gaiement ; puis, voyant que la journée s'avançait, «et mon inspection?» demanda notre homme. — «Votre inspection! lui répondit-on, il y a longtemps qu'elle est faite. Ces infirmiers que j'ai eu l'honneur de vous présenter, c'étaient les scélérats sous un costume qui leur permît de paraître devant vous. »

Avec quelque bonne foi que ce récit nous ait été transmis, je comprends qu'il puisse être contesté, car naturellement nous ne le connaissons que par un adversaire de la phrénologie ; ce n'est pas l'apôtre pris au piége qui aurait lui-même publié sa mésaventure. Mais voici un fait dont l'autorité est irrécusable, parce qu'il est pris dans les entrailles du sujet, et qu'il est aujourd'hui universellement acquis à la science. Dans le partage qu''ils ont fait des diverses facultés et des différents penchants de notre espèce, entre les organes renfermés dans notre crâne, l'école de Gall a réservé au cervelet, placé dans la partie inférieure et postérieure de la tête, derrière la nuque, le rôle le plus important de la vie animale : c'est lui qui préside aux fonctions de la reproduction. Cette assertion fournit à Gall les moyens de justifier ou tout au moins d'excuser une foule de dérèglements que la société, la religion et la morale poursuivent de leur réprobation, parce qu'elles en ignorent la cause fatale et irrésistible. Mais en même temps, et par une conséquence nécessaire, il cherche à diminuer notre admiration pour les hommes que leur austérité, leur chasteté, ont rendus célèbres dans l'histoire. Vous vous sentez pénétrés d'admiration à l'aspect de tant de saints et de saintes qui ont renoncé au bonheur de la famille et aux séductions du monde pour se donner à Dieu, et, après eux, d'un certain nombre de grands hommes qui ont fait le même sacrifice dans l'intérêt de la science. Epargnez-vous ce tribut d'hommages; car, à leur place, conformés comme ils l'étaient, vous en eussiez fait autant. Sainte Thérèse, saint Bernard, saint Thomas à Kempis, Newton et Kant n'ont eu une vie si virginale que parce que leur cervelet se trouvait être d'un très-petit volume. On peut s'en assurer par le faible développement que présente la nuque sur leurs bustes et leurs statues. On a trouvé, avec une conformation contraire, des enfants de sept et même de cinq ans, qui malgré l'innocence et l'ignorance de leur âge, éprouvaient déjà tous les aiguillons et même les fureurs de l'amour. Mais voici que les expériences multipliées et incontestables de plusieurs illustres physiologistes viennent infliger à ces inventions le plus éclatant démenti. Le cervelet n'a mérité *ni cet excès d'honneur ni cette indignité* ; il n'a rien de commun avec la tâche délicate qu'on lui impose ; il est simplement un organe de locomotion, il maintient l'équilibre entre les mouvements multipliés de notre corps.

Mais en voilà assez et peut-être trop pour faire justice d'une doctrine déjà abandonnée par la conscience publique, et qui reçoit chaque jour, du côté de la science, du côté de l'eypérience scientifique, de nouvelles humiliations. Il suffit d'ailleurs, même quand on est étranger à l'étude de l'organisme humain, de jeter un coup-d'œil sur les livres de Gall et de ses successeurs, pour voir sur quelles légères affirmations, sur quelles frivoles anecdotes est fondé leur système.

Faut-il faire plus de cas de l'opinion de quelques aliénistes qui, aveuglés et absorbés par leur travail de chaque jour, ne voient plus que des maladies de l'esprit dans tout acte de volonté, dans toute pensée, dans toute passion, dans toute disposition qui dépasse les limites d'une honnête médiocrité de cœur et d'esprit ? Non ; cette doctrine n'est pas plus solide que la précédente ; elle ne s'appuie pas sur des observations plus exactes, sur des règles plus certaines, sur des faits plus incontestables, et elle révolte tout autant la raison, le sens moral, le sentiment inné et unanime de la justice, de la liberté, de la responsabilité personnelle, de l'ordre social.

Pour savoir ce que vaut cette école quand elle explique le crime, demandez-vous comment elle explique le génie. Le génie, pour elle, est une excitation morbide, une maladie inflammatoire du cerveau et du système nerveux, ou, pour me servir des expressions mêmes d'un médecin contemporain, « le génie est une névrose. » Les plus illustres d'entre les poëtes, les orateurs, les artistes, les philosophes, ne sont ou n'ont été que des malades. L'humanité leur doit plus de pitié que d'admiration, et si l'on faisait bien, au lieu de gloire, on leur dispenserait des médicaments ; au lieu d'académies, où ils ne font qu'entretenir et exalter leur mal, on leur ouvrirait des hospices. Hélas ! sous ce rapport, il n'y aurait qu'un médiocre changement dans leur sort, car il n'y en a que trop d'entre eux qui meurent à l'hôpital. Un autre écrivain de la même école n'est pas éloigné de croire que les fondateurs de religions et les prophètes de l'antiquité étaient simplement des hallucinés comme ceux qu'on renferme à Bicêtre et à Charenton, et qui, s'ils avaient vécu dans notre siècle de lumière et s'ils avaient été confiés à des soins intelligents, auraient pu être guéris à force de douches et de régime.

Tout ce qui sort de la médiocrité ou des voies d'une existence prosaïque et vulgaire étant réputé folie, la vertu, le dévouement, l'abnégation, devront être jugés d'après la même règle et traités de la même manière que le génie et le crime ; car enfin la vertu n'est pas toujours d'accord avec les conditions ordinaires de la vie, et l'on trouvera bien des sages aux yeux desquels la conduite des martyrs, l'héroïsme d'un Regulus, le dévouement d'un d'Assas, paraîtront le suprême degré de la démence.

Mais admettons pour un instant que le crime soit une forme de la folie, comment vous y prendrez-vous pour le réprimer et mettre l'ordre social à l'abri de ses entreprises ? Le traiterez-vous avec rigueur ? Alors vous ne guérissez pas, vous châtiez, vous châtiez la folie ! Si, au contraire, vous le traitez avec douceur, avec cette tendre sollicitude que le médecin doit à ses malades, comment l'empêcherez-vous d'être contagieux, et que ferez-vous pour rassurer les honnêtes gens, la partie saine de la société ? Nous avons vu récemment en présence du jury un épouvantable scélérat qui s'était fait de l'assassinat un métier. Et pourquoi a-t-il exercé ce métier ? Pour se procurer sans travail les douceurs de la vie. Pour lui, la vie matérielle était tout. L'heure de son repas arrivée, il oubliait la solennité et les terreurs de l'audience ; il tirait de sa poche son pain et son lard, et les dévorait tranquillement devant la foule stupéfaite et muette d'horreur. Eh bien ! que ferez-vous pour arrêter le bras de ce monstre et de tous ceux qui lui ressemblent ? Vous lui laisserez voir en perspective une retraite non-seulement calme, mais agréable ; une nourriture abondante et choisie, des soins attentifs, augmentés encore par la noble curiosité de la science. L'ouvrier laborieux et honnête qui succombe sous le poids de sa tâche, qui suffit avec peine aux besoins de sa famille, qui est livré à toutes les chances et à toutes les fluctuations de l'industrie, sera réduit à envier son sort.

Non, aucun effort de raisonnement, aucun genre d'observations, aucune sorte d'autorité ne pourront faire disparaître la différence qui existe dans la conscience humaine entre la folie et le crime. La folie et le crime n'ont absolument rien de commun, ils n'obéissent pas aux mêmes lois, ils ne se révèlent point par les mêmes signes, ils n'excitent point dans les âmes les mêmes sentiments. Le crime est responsable, la folie ne l'est pas. Le crime suppose la liberté, la folie en est la privation plus ou moins complète. Le crime poursuit un but parfaitement déterminé et réfléchi, il y tend de toutes les forces de son intelligence ; la folie, c'est la déviation de l'intelligence, et quand elle a les yeux fixés sur un but, c'est un but imaginaire qu'elle poursuit par des moyens insensés. La folie, quels que soient ses actes, n'inspirera jamais que la pitié ; le crime inspirera toujours l'indignation et l'horreur.

CHAPITRE XVI.

QUE LE DROIT DE PUNIR N'EST PAS LA RÉTRIBUTION DU MAL POUR LE MAL (OPINIONS DE MM. COUSIN, GUIZOT, DE BROGLIE, ROSSI).

En dehors de l'ordre moral, en dehors des idées de justice et de rémunération, les lois pénales n'ont aucune base, aucune raison d'exister, et, sans les lois pénales, la société n'a aucun moyen de se défendre contre une dissolution imminente. Il faut que le mal soit puni, et il faut que la punition qu'il a méritée, la société ait le droit, n'importe à quel degré, la société ait le pouvoir de l'infliger. Telle est la conclusion générale qu'on peut tirer de tout ce qui précède. Mais cette conclusion a ses difficultés ; elle soulève des questions devant lesquelles il est permis d'hésiter : en quoi consiste la pénalité ou la rétribution du mal par le mal telle que l'exigent les règles souveraines de la justice ou les lois absolues de l'ordre moral ? A quelle mesure doit-elle se réduire dans les limites où se renferment les droits et la puissance de la société ? Ici nous rencontrons une nouvelle classe de systèmes qui, parfaitement d'accord entre eux sur les principes, ne diffèrent plus les uns des autres que par les applications. Nous allons les examiner successivement, non par ordre chronologique, mais selon le degré d'importance qu'ils présentent au point de vue de la législation et de la justice criminelle.

Le plus abstrait de tous, par conséquent le moins propre à diriger le législateur et à tenir une place dans un code, c'est celui que M. Cousin, en quelques lignes éloquentes, a exposé dans plusieurs de ses œuvres, particulièrement dans l'*argument* placé en tête de sa traduction du *Gorgias :* « La première loi de l'ordre, dit-il, est d'être fidèle à la vertu, à cette partie de la vertu qui se rapporte à la société, savoir la justice. Mais si l'on y manque, la seconde loi de l'ordre est d'expier sa faute, et on ne l'expie que par la punition. Les publicistes cherchent encore le fondement de la pénalité. Ceux-ci, qui se croient de grands politiques, le trouvent dans l'utilité de la peine pour ceux qui en sont témoins et qu'elle détourne du crime par la terreur de la menace et sa vertu préventive. Et c'est bien là, il est vrai, un des effets de la pénalité ; mais ce n'est pas là son fondement ; car la peine, en frappant l'innocent, produirait autant et plus de terreur encore, et serait tout aussi préventive. Ceux-là, dans leurs prétentions à l'humanité, ne veulent voir la légitimité de la peine que dans son utilité pour celui qui la subit, dans sa vertu corrective ; et c'est encore là, il est vrai, un des effets possibles de la peine ; mais ce n'est pas son fondement ; car, pour que la peine corrige, il faut qu'elle soit acceptée comme juste. Il faut donc toujours en revenir à la justice. La justice, voilà le fondement véritable de la peine ; l'utilité personnelle et sociale n'en est que la conséquence. C'est un fait incontestable qu'à la suite de tout acte injuste l'homme pense et ne peut pas penser qu'il a démérité, c'est-à-dire mérité une punition. Dans l'intelligence, à l'idée d'injustice correspond celle de peine, et quand l'injustice a lieu dans la sphère sociale, la punition méritée doit être infligée par la société. La société ne le peut que parce qu'elle le doit. Le droit ici n'a d'autre source que le devoir, le devoir le plus étroit, le plus évident et le plus sacré, sans quoi ce prétendu droit ne serait que celui de la force, c'est-à-dire une atroce injustice quand même elle tournerait au profit moral de qui la subit, et en un spectacle salutaire pour le peuple. La peine n'est pas juste parce qu'elle est utile préventivement ou correctivement ; mais elle est utile et de l'une et de l'autre manière, parce qu'elle est juste. Cette théorie de la pénalité, en démontrant la fausseté, le caractère incomplet et exclusif des deux théories qui partagent les publicistes, les achève et les explique, et leur donne à toutes deux un centre et une base légitime. »

Il y a dans cette page une partie incontestable, mais qui se rapporte entièrement à l'ordre moral et n'apprend au législateur que ce qui lui est interdit, non ce qui lui est permis ou ordonné : c'est celle qui nous offre le développement et l'expression élégante de ces trois propositions : Toute action moralement mauvaise mérite d'être punie ; toute punition doit être juste, et ce n'est qu'à cette condition qu'elle peut devenir utile, soit comme moyen d'intimidation, soit comme moyen de correction ; toute punition qui ne suppose pas, de la part de celui qui l'inflige, le droit incontestable de punir, n'est qu'un acte d'iniquité, un abus de la force. Dès que M. Cousin passe de l'ordre moral à l'ordre social, on ne trouve plus dans ses paroles que des affirmations dépourvues de preuves et qu'il ne semble pas même songer à appuyer d'une manière quelconque sur les propositions précédentes. « Quand l'injustice, dit-il, a eu lieu dans la sphère sociale, la punition méritée doit être infligée par la société. La société ne le peut que parce qu'elle le doit. » Mais voilà précisément ce qui est en question. Il s'agit de savoir, non si le mal mérite d'être puni, car cette proposition est évidente par elle-même, mais si la punition peut être infligée par la société, et dans quelle mesure, dans quelle sphère, à quel titre la société est admise à l'exercice de ce droit. Il y a

un abîme entre ces deux principes qui nous sont également
enseignés par la raison, et qui ont à nos yeux une
autorité égale : le principe du devoir et le principe du
mérite et du démérite. Le premier nous apprend ce que
nous devons faire et éviter, ce qui nous est ordonné et
défendu ; il s'adresse entièrement à notre volonté. Le
second place devant nos yeux une promesse et une menace, un encouragement et une sentence, mais sans
nous dire qui est chargé de l'exécution, en nous laissant
douter qu'elle soit confiée à un homme et à une puissance humaine. Voici, entre les deux principes, une
autre différence, qui ne permet pas de se contenter d'une
simple affirmation, quand il s'agit de reconnaître à la
société le droit de punir. Quand nous examinons en lui-
même le principe du devoir, nous voyons très-bien ce
qu'il exige de nous, nous pouvons énumérer, les unes
après les autres, les actions qu'il déclare obligatoires,
criminelles ou innocentes ; mais nous ignorons absolument les applications que comporte le principe du mérite et du démérite ; nous ignorons en quoi consiste
l'harmonie des récompenses et de la vertu, des châtiments et du crime, et nous ne savons pas davantage s'il
est en notre pouvoir de l'établir ici-bas, ou, pour mieux
dire, nous sommes sûrs que ce pouvoir n'appartient pas
à l'homme. Comment donc la société aurait-elle le
droit, comment devrait-elle considérer comme le plus
étroit, le plus évident et le plus sacré de ses devoirs,
d'appliquer un principe qui semble si peu fait pour nous
servir de règle et qui s'élève à ce point au-dessus de
notre puissance ?

Dans un langage moins élevé, moins philosophique, mais par là même plus rapproché du langage de la politique et des lois, M. Guizot a exprimé des idées à peu près semblables : «Il n'est pas vrai, écrit M. Guizot, que les crimes soient punis surtout comme nuisibles, ni que dans les peines la considération dominante soit l'utilité. Essayez d'interdire et de punir comme nuisible un acte innocent dans la pensée de tous, vous verrez quelle révolte saisira soudain les esprits. Il est souvent arrivé aux hommes de croire coupables et de frapper comme telles des actions qui ne l'étaient pas. Ils n'ont jamais pu supporter de voir le châtiment tomber d'une main humaine sur une action qu'ils jugeaient innocente. La providence seule a le droit de traiter sévèrement l'innocence sans rendre compte de ses motifs. L'esprit humain s'en étonne, s'en inquiète même ; mais il peut se dire qu'il y a là un mystère dont il ne sait pas le secret, et il s'élance hors de notre monde pour en chercher l'explication. Sur la terre et de la part des hommes, le châtiment n'a droit que sur le crime. Nul intérêt public ou particulier ne persuaderait à une société tant soit peu assise que là où la loi n'a rien à punir, elle peut porter la peine, uniquement pour prévenir un danger..... Cela posé, je conviendrai que l'intérêt social est aussi un des motifs qui entrent dans la détermination des délits et des châtiments : ce n'est pas le premier, car il serait sans valeur s'il n'était précédé de la réalité morale du délit. C'est le second, car la société a droit d'interdire et de punir tout ce qui est à la fois coupable, nuisible et de nature à être réprimé par les lois. La criminalité morale, le

péril social et l'efficacité pénale, ce sont les trois conditions de la justice criminelle, les trois caractères qui
se doivent rencontrer dans les actions qu'elle condamne
et dans les peines qu'elle inflige. Voilà le vrai terrain où
la justice légale est établie (1). »

Bien qu'elle repose sur le même principe et qu'elle
respire le même esprit, cette doctrine se sépare de la
précédente par une notable différence, la différence qui
existe entre les deux hommes. M. Cousin répand plus
de lumière sur l'ordre moral et M. Guizot sur l'ordre
social. Il ne se contente pas de transporter dans le second les principes sur lesquels repose le premier, il définit la sphère dans laquelle s'arrête pour la société le
droit de punir. Ce n'est pas assez, pour faire usage de
ce droit, qu'elle trouve devant elle des actions moralement coupables; il faut encore qu'elle sastisfasse à
deux autres conditions : 1° qu'elle ne punisse pas indistinctement toutes les fautes et tous les crimes, mais
uniquement ceux qui menacent son existence ou qui
troublent son repos, c'est-à-dire les crimes et les fautes
contre l'ordre social; 2° que ces crimes et ces fautes,
elle ne s'expose point à les rechercher ou à les menacer
en vain; mais qu'elle s'assure d'abord qu'elle a les
moyens de les découvrir et de les réprimer.

Rien de plus sensé, assurément, ni de plus pratique
que ce système. Il échappe à deux excès contraires : à
celui de la rigueur comme à celui de la faiblesse. Il ne
demande à la société, en la plaçant sur son terrain, que

____

(1) *De la peine de mort en matière politique*, ch VI, p. 99 et 100.

ce qui est possible et nécessaire. Mais, en somme, il n'est qu'une transaction entre le droit et le fait, entre la raison morale et la raison politique, un vrai système de juste milieu, où deux principes mis en présence sont plutôt neutralisés que conciliés. — La société, dites-vous, n'a aucun droit de pénalité sur des actions innocentes. — D'accord; mais il n'en résulte pas qu'elle puisse punir des actions coupables, même si elles troublent son existence et son repos; car il y a une différence entre le droit de punir et le droit de légitime défense. — Cela serait utile cependant, puisque le châtiment prévient le crime par intimidation. — Oui, sans doute; mais l'utilité, l'intérêt social, comme vous l'appelez, ne constitue pas le droit, et c'est de droit qu'il s'agit ici, non d'intérêt. Vous l'avez dit vous-même: il faut d'abord que la punition soit juste. Elle n'est pas juste si la société n'a pas le droit de punir, et ce droit de la société vous ne l'avez point établi. Il n'est pas mieux démontré ici que dans le système de M. Cousin.

M. le duc de Broglie, dans un article de la *Revue française* (1), resté célèbre, et qui eut, à l'éqoque où il parut, un immense retentissement, a essayé de combler cette lacune. Voici d'abord à quelle occasion cet article fut publié. M. Charles Lucas, dans un ouvrage qui fit également une profonde sensation (2), avait demandé l'abolition de la peine de mort. M. le duc de Broglie,

(1) T. III de la collection, 28 janvier 1828.

(2) *Du système pénal et du système répressif en général*. 1 vol. in-8, Paris, 1827.

voulant examiner jusqu'à quel point cette proposition
était admissible, rencontra devant lui la question plus
générale du droit de punir. Il l'aborda hardiment et la
traita à la fois en publiciste et en philosophe, en tenant
compte des principes absolus de la raison aussi bien que
des enseignements de l'expérience. Je ne répéterai pas,
après ses amis et ses flatteurs, que cet article de *Revue*
est un chef-d'œuvre ; mais il témoigne assurément d'une
rare sagacité d'esprit et d'une vigueur remarquable de
raisonnement unies à une grande élévation de sentiments. Ce duc et pair de la Restauration ne ressemblait
pas à certains personnages politiques d'aujourd'hui qui
s'efforcent de concilier le suffrage universel avec le culte
du droit divin ; il ne demandait pas l'asservissement de
la pensée et le musellement de la presse ; mais il usait
très-habilement de l'une et de l'autre, et la liberté qui
lui était si précieuse à lui-même, il la revendiquait gé-
néreusement pour les autres.

La question de la ligitimité de la peine de mort, sur
laquelle nous reviendrons une autre fois, suppose, selon
M. le duc de Broglie, la solution de ces trois autres questions : Qu'est-ce que punir ? En qui réside le droit de
punir ? A quelles conditions ce droit est-il exercé ?

La punition est un fait mixte qui tient à la fois de
l'expiation, du droit de légitime défense et du droit d'intervention dans la défense du faible contre le fort. Ces
trois éléments, l'expérience nous les présente toujours
ensemble, car la loi, quand elle frappe, rend le mal pour
le mal : voilà l'expiation. La société cherche à prévenir
les crimes qui tendent à la troubler et à la dissoudre :

voilà le droit de défense. Enfin, la justice vient au secours du faible contre le fort: voilà le droit d'intervention dans la défense d'autrui. L'idée de punition ne peut se résoudre dans aucun de ces éléments : elle les embrasse tous les trois.

Il résulte de là que la punition en elle-même est chose légitime, car aucun doute ne peut être élevé sur les différents principes dont elle est pour ainsi dire la résultante. Le droit de défense, c'est le droit même de vivre et d'exister; mais comme il peut livrer le plus faible en proie au plus fort, il emporte avec lui le droit d'intervention ou de protection. La protection des faibles et des opprimés étant un devoir, comment ne serait-elle pas un droit? Enfin l'expiation, c'est le rétablissement de l'ordre éternel qui veut que la souffrance soit en rapport avec le mal moral et le bonheur avec la vertu. Elle est aussi nécessaire en soi que le droit de défense et le droit d'intervention.

Mais l'expiation se présente à notre esprit sous deux aspects : elle est relative ou absolue. L'expiation absolue nous attend dans une autre vie, elle est l'œuvre de la justice divine ; elle consiste dans des châtiments dont notre faible raison n'a aucune idée. Il n'en est pas de même de l'expiation relative : elle s'accomplit dès ce monde par le remords, par la désapprobation publique et par la crainte, ou, pour mieux dire, par l'attente d'une rétribution définitive qu'on sait avoir méritée.

Sous cette forme purement spirituelle, l'expiation est rarement efficace et n'offre pas à la société une garantie suffisante. Il faut donc la compléter par un supplément de pénalité qui rende le remords plus actif en arrachant le coupable au plaisir et au tumulte du monde, qui donne plus de force à la désapprobation publique en vouant le coupable à l'infamie, enfin qui substitue à la crainte un peu vague d'un châtiment éloigné un châtiment positif et immédiat, en donnant à l'expiation une forme sensible « que chacun de nous peut toucher du doigt et de l'œil. »

C'est à cette condition seulement que l'expiation sera en même temps un moyen de défense et que la nécessité de cette défense nous donnera la mesure de l'expiation, car pourvu qu'elle suffise au maintien de la paix et à la conservation de l'ordre social, elle a atteint son but. Tel est le caractère essentiel de l'expiation humaine, de l'expiation relative. Mais ce n'est pas une raison de la confondre avec le droit de défense, car celui-ci cesse d'exister aussitôt que l'agresseur est désarmé ; c'est au contraire à ce moment que l'expiation ou le droit de châtiment commence.

A l'aide de ces aperçus, M. le duc de Broglie explique d'une manière ingénieuse les principales erreurs qui se sont introduites dans le droit pénal. Les uns ont confondu la punition légale, humaine, relative, avec l'expiation réelle et absolue ; voilà pourquoi ils ont demandé une variété infinie de supplices. Les autres, ne distinguant pas l'expiation du droit de défense, ont été conduits à lui ôter ses principaux moyens d'action et à la rendre presque illusoire. Enfin, d'autres, ne voyant en elle que le droit de protection ou d'intervention en faveur du faible, ont supposé l'existence d'un contrat qui a fait passer ce droit des mains de l'individu dans celles de la société.

Voilà la nature même de la punition expliquée ; voilà la punition reconnue légitime et conforme aux lois de l'ordre éternel, de l'ordre moral. Il s'agit maintenant de savoir à qui appartient le droit de punir.

Le droit de punir existe partout où la société humaine entre en exercice. Il existe en germe dans la société conjugale, où le droit de commander suppose le devoir d'obéir et où le devoir d'obéir suppose à son tour un droit de contrainte et de punition. C'est le mari qui a le droit de commander, non comme individu, mais comme mari, comme personnage social, comme chef de la société domestique ; donc en lui réside un droit impersonnel, absolu, de contraindre la femme à l'obéissance ; mais heureusement ce droit est rendu inutile par l'affection.

Ce même droit de commander appartient dans la famille au père, en tant que père, avec un caractère absolu et non personnel. Il emporte avec lui la même conséquence ; c'est-à-dire le devoir de se faire obéir par la contrainte, par la voie des châtiments. Personne ne contestera au père le droit de châtier ses enfants en cas de désobéissance. Seulement, ces châtiments changent de forme suivant les développements de l'enfant, qu'ils ont pour but d'instruire et de corriger ; ils s'adressent tantôt à la sensibilité physique, tantôt au sentiment, tantôt à la raison.

Il n'en est pas autrement de la société civile ou de l'État ; là aussi existe nécessairement chez les plus dignes et dans l'intérêt du corps social, dans l'intérêt de sa conservation et de son perfectionnement, un droit de commander auquel correspond un devoir d'obéir et qui emporte avec lui un droit de contrainte et de châtiment. Celui qui commande à l'État tout entier, à la société tout entière, s'appelle le législateur, que ce titre s'applique à un individu ou à un corps. Donc le législateur a le droit de promulguer des lois pénales, et ces lois sont aussi légitimes, aussi inviolables que les autres, car sans elles aucune autre loi n'est exécutée. Le droit de punir, entre ses mains, est aussi incontestable qu'entre les mains du père de famille ; seulement, l'un ne peut avoir le même but que l'autre. « L'enfant coupable, dit M. de Broglie, pourrait se plaindre, non point de subir l'expiation de sa faute, mais de la subir de la main du père si le père l'exigeait dans un autre but que l'intérêt de l'enfant. Le citoyen coupable pourrait se plaindre, non point de subir l'expiation de la peine, mais de la subir de la main du législateur si le législateur l'exigeait dans une autre vue que le maintien de la paix publique. Mais que tous deux se renferment, celui-ci dans son mandat, celui-là dans le sien, toute plainte serait mal fondée. Aussi, la pensée même n'en vient pas (1). »

Voilà qui est clair. Le droit de punir s'exerce sous deux conditions différentes. Entre les mains du père et dans l'enceinte de la famille, il a pour but la réformation du coupable, et doit être considéré comme un

____

(1) *Revue française*, t. III, p. 44.

moyen d'éducation. Entre les mains du législateur et dans le vaste cercle de l'État, il a pour but le maintien de la paix et du bon ordre, il est un moyen de défense et de répression. Il ne lui est pas interdit sans doute de produire incidemment l'amendement du coupable ; mais tel n'est point son caractère essentiel, telle n'est pas la fin pour laquelle il s'exerce. Le sentiment qu'il doit inspirer, c'est la crainte et non l'amour du devoir. Ainsi, finalement, le droit de punir se décompose en deux droits complétement différents.

Avant de discuter la valeur de ce système, qu'il me soit permis de dire que nous reconnaissons encore ici cet esprit de composition et de transaction qui caractérise les hommes d'Etat et les hommes d'affaires. Que cet esprit soit utile quelquefois dans la diplomatie et dans la politique, je ne le conteste pas, pourvu qu'il ne sorte pas de certaines limites et ne dégénère pas en indifférence ou en apostasie. Mais dans le domaine de la philosophie et du droit, il est plein de dangers, car il voile et obscurcit les principes qui font la grandeur et la dignité de la nature humaine, qui seuls établissent une différence entre le vrai et le faux, entre le juste et l'injuste, entre le droit et la force, entre les exigences de la conscience et les expédients de la politique.

Je repousserai d'abord les termes dans lesquels l'illustre publiciste a essayé de définir l'action pénale. En considérant la punition comme un fait complexe dans lequel entrent à la fois le droit de légitime défense, le droit d'intervention dans la défense d'autrui, quand nous voyons le faible attaqué par le fort, et enfin l'expiation, il s'est laissé dominer par une confusion habituelle de langage, qui dérive elle-même d'une confusion des idées. Comme il n'est guère possible de repousser la force par la force sans faire subir à l'agresseur un notable dommage, et quelquefois sans faire tomber sur lui le mal qu'il voulait nous infliger, cet effet inévitable de la lutte, quand la lutte tourne au préjudice du coupable, a été considéré naturellement comme une punition, et le droit de punir s'est trouvé mêlé ainsi au droit de se défendre. Mais une intelligence exacte et sévère, comme l'auteur de l'article de la *Revue française*, ne devait pas tomber dans la faute des esprits vulgaires. Au reste, M. de Broglie semble retirer lui-même sa définition lorsqu'il dit : « La pénalité n'est autre chose que l'expiation même, l'expiation exercée dans ces trois grandes branches : le remords, la désapprobation publique, la rétribution définitive. »

La confusion, ou, pour parler plus exactement, l'association que nous attaquons ne semble avoir été adoptée que pour expliquer philosophiquement les différentes théories pénales que l'histoire nous montre aux prises les unes avec les autres sans qu'aucune d'elles puisse satisfaire la conscience humaine. En réalité, c'est le principe de l'expiation, et ce principe tout seul qui forme la base de la théorie personnelle de M. de Broglie.

Que le principe de l'expiation, élément nécessaire du principe de la sanction, ou, comme il s'appelle dans le langage de la psychologie contemporaine, du principe du mérite et du démérite ; que le principe d'expiation, sous quelque nom qu'on le désigne et de quelque point de vue qu'on le considère, fasse partie de l'ordre universel qui règle l'existence des créatures intelligentes et libres ; qu'il reçoive un jour, pour chacune de ces créatures, lorsqu'elle aura accompli sa terrestre destinée, une application complète et absolue ; qu'il se fasse sentir spontanément dès cette vie sous la forme du remords, de la désapprobation publique et de la crainte d'un châtiment à venir, d'un châtiment inconnu enveloppé dans les lois du monde spirituel, aucun esprit religieux ou véritablement philosophique ne le contestera. On pourra faire encore une autre concession à M. de Broglie : on pourra lui accorder que la société a le droit d'aider à l'action du remords par la solitude, et à celle de la désapprobation publique par l'infamie. Il est juste qu'elle fasse servir à sa défense des moyens aussi puissants et aussi naturels. Mais comment le principe de l'expiation deviendrait-il pour l'homme en général et pour la société une règle d'action, une base de législation, une source de droit positif? Comment la société serait-elle appelée à le mettre elle-même en pratique? Voilà le cœur de la difficulté, voilà toute la question qu'il s'agit de résoudre.

Pour démontrer que le principe d'expiation n'appartient pas seulement à l'ordre universel, mais à l'ordre social, ou qu'il confère à la société un véritable pouvoir, un véritable droit, celui-là même que nous appelons le droit de punir, M. de Broglie s'appuie sur les lois de la famille, et nous montre le droit de punir comme une conséquence nécessaire du droit de commander. Le mari, non pas comme individu, mais comme chargé de maintenir l'ordre dans la société conjugale, a le droit de commander à sa femme ; donc il a aussi le droit de la punir, et ce droit devrait s'exercer réellement s'il n'était heureusement rendu inutile par l'affection mutuelle des époux. Le père a le droit de commander à ses enfants ; donc il a aussi le droit de les punir quand ses ordres sont méprisés. Or, ce droit de commander, qui appartient dans la société conjugale au mari, et dans la famille au père, il est impossible de ne pas l'accorder, dans la société civile, au législateur, au souverain ; donc le souverain possède aussi le droit de punir. Je voudrais avoir à porter un jugement moins sévère sur une opinion émanée d'un cœur aussi généreux et d'un esprit aussi élevé que M. le duc de Broglie ; mais, je suis obligé de le dire, parce que telle est ma conviction, toutes les propositions dont ce raisonnement est formé, ou sont radicalement fausses ou sont vraies dans un autre sens que celui de l'auteur.

C'est se former une étrange idée de la société conjugale telle qu'elle doit exister chez les peuples civilisés, avec nos principes d'égalité morale et de dignité humaine, que d'accorder au mari sur la femme une autorité telle, que le mépris de ses ordres lui donne un droit de coercition et de châtiment. Cette idée est faite pour nous surprendre chez un spiritualiste, chez un chrétien, chez un des membres les plus éminents de la classe la plus polie de la société. Je n'admets pas l'adoucissement que M. de Broglie apporte à sa proposition, en soutenant que le droit qu'il reconnaît au mari est annulé en fait par la tendresse qui accompagne toujours le mariage. Il est inconséquent de reconnaître un droit pour l'annuler et pour recommander à celui qui en est investi de le laisser dormir entre ses mains. Un droit existe ou n'existe pas. S'il existe, il faut en faire usage quand cela est utile ou nécessaire, c'est-à-dire quand la tendresse fait défaut. Or, avec la meilleure volonté du mode, sans tomber dans le dénigrement ou dans la satire, il faut convenir que l'amour et le mariage se tournent quelquefois le dos. Mais le droit existe-t-il? voilà toute la question.

Je n'hésite pas à dire que le droit n'existe pas; je ne parle pas seulement du droit de punir, mais du droit de commander. Punir! quand il s'agit d'un être humain, notre semblable, et qui n'est ni dans la condition, ni dans l'âge d'un pupille confié à notre éducation, il n'y a que la loi, il n'y a que la société qui s'arroge ce droit, et encore il s'agit de savoir si elle a raison. Un mari qui châtierait sa femme tomberait lui-même sous l'empire du Code pénal, après avoir mérité d'abord la réprobation de la conscience publique et de sa propre conscience. Maintenant pourquoi le droit de punir, ici du moins, est-il complétement inadmissible? pourquoi révolte-t-il à ce point notre raison et notre sensibilité? pourquoi est-il implicitement répudié par celui-là même qui s'efforce de l'établir? Parce que le droit de commander, sur lequel il s'appuie, est purement imaginaire. Au mari appartient, dans la société conjugale, le premier rang, la prépondérance, le droit de décider en dernier ressort, le droit de représenter la communauté à l'extérieur et de traiter pour elle, de se rendre responsable pour elle ; mais il n'a pas le droit de commander à la personne de sa femme, d'abord parce qu'un tel droit n'existe pas dans l'ordre moral ; car une âme, une personne humaine, ne peut être ni esclave, ni sujette d'une autre âme, d'une autre personne, et le mot lui-même, le mot *sujet*, devrait disparaître une bonne fois, sous tous les régimes, de la langue des peuples libres, des peuples chrétiens. Le citoyen, même sous la monarchie, est sujet de la loi, il ne l'est pas de la volonté de son semblable. L'assujettissement d'une âme à une autre, l'assujettissement de la femme au mari, n'est pas seulement contraire à l'ordre moral considéré dans sa généralité, il est en opposition avec l'ordre particulier de la société conjugale. La société conjugale n'est réellement complète que si les deux êtres dont elle se compose sont tellement unis entre eux par toutes leurs facultés, qu'ils ne forment qu'un seul être, qu'une seule âme, qu'une seule personne, et, comme dit l'Écriture, une seule chair. Or, cette union n'est point possible avec le droit absolu de commander d'un côté, avec le devoir absolu d'obéir de l'autre, entre un maître et une servante, ou, si l'on aime mieux parler ainsi, entre un souverain et une sujette. L'amour, autant que l'amitié, réclame l'égalité, sinon des fonctions, au moins des devoirs et des droits.

En quoi donc alors consiste la prépondérance du mari ? Le mari est appelé à décider en dernier ressort de toute mesure utile ou nécessaire à la communauté, comme les différents pouvoirs qui représentent un pays au dedans et au dehors sont appelés à décider de ce qui importe à sa dignité, à son salut, à son repos. Mais, de même que ces pouvoirs, loin d'être les maîtres du pays qu'ils gouvernent, doivent se pénétrer de sa pensée et de ses légitimes besoins, ainsi le mari, au lieu d'agir comme le maître de sa femme, au lieu de lui commander comme à une sujette ou à une servante, est tenu de la consulter sur toutes les affaires qui les intéressent l'un et l'autre, et, en cas de dissentiment, d'essayer sur elle le pouvoir de la persuasion, afin d'obtenir son approbation et son concours volontaire avant de faire usage de son autorité. Il ne faut pas qu'il oublie que les intérêts de la communauté sont indivisibles, et que la communauté se compose de deux personnes, non d'une seule. Il ne faut pas qu'il se dise comme un certain souverain en parlant d'une puissance voisine : « Ce qui me convient lui convient. »

Supposons maintenant que les moyens de conciliation soient demeurés stériles, et qu'une décision souveraine soit devenue nécessaire, faudra-t-il, pour la faire respecter, accorder au mari le droit de châtier sa moitié rebelle? En aucune manière. La volonté du mari, si elle reste dans son domaine légitime, c'est-à-dire dans les rapports de la communauté avec la société extérieure, sera exécutoire dès l'instant qu'elle sera régulièrement déclarée, et cela, par la seule puissance de la loi, par la seule force des institutions sociales. Ainsi, les obligations qu'il a contractées envers un tiers, les échanges ou les achats qu'il a pu faire, l'aliénation de la partie disponible de ses biens, tous ces actes sont accomplis dès qu'il en a rempli les conditions civiles, et subsistent en vertu de sa seule garantie. La loi, la société, ne connaissent que lui et n'ont affaire qu'à lui. A quoi servirait, dans cette occasion, le droit de punir? Dira-t-on que lorsque la femme se refuse à suivre son mari ou à rester à côté de lui sous le toit conjugal, la loi, sur la plainte du mari, l'y contraint? Soit, elle la contraint, mais elle ne la punit pas, et cette contrainte elle-même, lorsqu'elle intervient, loin de rétablir la communauté, en marque la dissolution irrémédiable; car, une fois détruite moralement, c'est en vain qu'on cherche à la maintenir dans l'ordre matériel.

Il n'y a donc pas de place pour le droit de punir dans la société conjugale. Y en a-t-il davantage dans les rapports du père et des enfants? Je ne le pense pas. Lorsqu'on dit que le père a le droit de punir ses enfants, il semble qu'on exprime un axiome de morale qui ne peut être contesté que par l'esprit de paradoxe ou le parti pris de nier jusqu'à l'évidence. La punition n'est-elle pas un moyen d'éducation, et l'éducation n'est-elle pas le premier droit, ou, pour mieux dire, le premier devoir de la puissance paternelle? Je ne nie pas la proposition en elle-même, je reconnais qu'il est impossible de la nier, autrement que des lèvres; mais je prétends qu'elle est mal exprimée. Ce n'est pas de punition qu'il s'agit ici, mais de correction. Le père n'a pas le droit de punir son enfant, il a le droit de le corriger. La punition, en effet, comme nous l'avons démontré, comme l'a reconnu l'écrivain même que nous combattons en ce moment, n'est autre chose que l'expiation. Or, l'expiation, c'est le mal rétribué par le mal dans l'intérêt de l'ordre universel, non dans l'intérêt particulier du coupable ; c'est l'harmonie universelle que notre raison nous montre comme nécessaire entre le mal moral et la souffrance. Est-ce que c'est là le but que le père se propose en infligeant à son enfant, pour une faute plus ou moins grave, une privation ou une douleur ? Nullement, il ne pense pas même à cette loi absolue de la conscience. Il ne pense qu'à l'intérêt de son enfant, à l'utilité de le plier à la discipline et à la règle de l'obéissance pour accomplir l'œuvre de son éducation, ou à la répression immédiate de ses faiblesses, de ses mauvais penchants. Ce n'est pas ainsi qu'on envisage les châtiments prononcés par la loi pénale, quand la loi pénale ne reconnaît d'autre principe que celui de l'expiation. On ne pense pas que la peine de mort, les travaux forcés à perpétuité, l'infamie indélébile avec la marque qui l'accompagnait autrefois, ou l'interdiction à toujours des droits civils qui, dans certains cas, la suit encore aujourd'hui, soient infligés à cette unique fin de corriger ou d'amender le coupable. Ce n'est même que depuis fort peu de temps, et sous une influence absolument contraire au principe de l'expiation, que l'amendement du coupable est entré dans les préoccupations de la loi criminelle. Donc le droit de punition et le droit de correction sont deux choses absolument différentes. C'est le droit de correction, non le droit de punition, que le droit naturel et même le droit positif a placé entre les mains du père pour le bien de la famille.

. La base sur laquelle M. le duc de Broglie a construit son système est donc tout à fait ruineuse. Le droit de

A. FRANCK.

6

punir n'étant pas dans la famille, pas plus dans les rapports du père et des enfants que dans ceux du mari et de la femme, comment pourrait-il passer de la famille dans l'Etat? Examinons cependant la proposition en elle-même, voyons si elle ne pourrait pas se défendre par sa propre force comme une vérité distincte des prémisses que nous venons de renverser. Le droit de commander existe-t-il dans l'Etat? et s'il existe, emporte-t-il avec lui le droit de punir?

Personne n'a le droit de commander dans l'Etat, si ce n'est la loi, et au nom de la loi celui qui est chargé par la confiance de ses concitoyens, par la loi elle-même, de la faire exécuter. Il n'est pas vrai, comme le soutient M. de Broglie, que le droit de commander appartienne aux plus capables et aux plus dignes, autrement le principe fondamental sur lequel s'appuient le droit, la justice, le devoir, le principe de l'égalité morale, serait détruit; il y aurait des maîtres et des esclaves; nous trouverions dans l'État les deux natures qu'Aristote a cru reconnaître dans l'humanité, et par lesquelles il justifie l'institution de l'esclavage : les uns seraient nés pour commander et les autres pour obéir. Encore une fois, c'est la loi qui commande dans l'État, et au nom de la loi celui qui a reçu la mission de la faire exécuter. Or, qu'est-ce que la loi? Ce n'est pas l'expression de la volonté générale, comme l'affirme J.-J. Rousseau, et encore moins celle d'une volonté particulière. La majorité n'est pas plus la souveraine maîtresse de la minorité, que la minorité de la majorité. La loi, c'est l'expression du droit. Le droit, c'est la propriété inaliénable de la personne humaine, à condition que la personne humaine, en attentant au droit des autres, ne se dépouille point de son propre droit ; car le droit est universel de sa nature, il s'étend à tous les êtres de notre espèce, et si on lui conteste son universalité au préjudice d'autrui, on le conteste à son propre préjudice, on le détruit en soi. Ce droit universel, qui est la protection, la sauvegarde, la dignité de tous, nous sommes dans l'obligation et dans la nécessité de le défendre contre les empiétements de chacun. De là la société ; de là les lois dont se compose l'ordre social ; de là les pouvoirs qui sont chargés de les promulguer et de les faire respecter ; de là, à côté de la loi, ce qu'on est convenu d'appeler la puissance publique ou l'autorité. Sans doute, l'autorité est aussi indispensable à l'ordre social que la loi elle-même ; mais cette autorité ne commande pas dans le sens propre du mot ; elle n'est pas, ou du moins elle ne devrait pas être l'expression d'une volonté personnelle, mais l'expression de la loi, de même que la loi doit être l'expression du droit. Comme le droit, d'un autre côté, est le contraire de l'arbitraire, le contraire de l'oppression et de la servitude, la seule règle sous l'empire de laquelle l'homme et la société appartiennent à eux-mêmes, on peut dire que l'autorité n'est légitime qu'à la condition d'être l'instrument et la sauvegarde de la liberté.

Maintenant, comment l'autorité, constituée sur cette base, pourrait-elle renfermer le droit de punir, si l'on prend le mot punition dans son acception légitime, dans le sens d'expiation ? Le droit de la société entière étant, dans sa plus haute expression, le droit même de la personne humaine, dire que l'autorité a le droit de punir, c'est dire que la société, que l'homme en général est investi du même droit, par conséquent qu'il doit chercher la règle de ses actions non-seulement dans l'idée du devoir, mais dans un principe qui échappe complétement à son pouvoir : j'entends l'harmonie du mal moral et de la souffrance. Or, c'est là une proposition insoutenable, ou tout au moins hypothétique, puisqu'elle n'est contenue dans aucune des prémisses dont on prétend la faire soutenir. Nous verrons plus tard si elle peut se défendre par d'autres arguments. Dans l'état actuel de la question, la seule chose qu'on puisse soutenir, c'est que la société a un droit de répression contre ceux qui violent ses lois ; c'est que la société a le droit de se défendre aussi bien que l'individu, et par les moyens qui lui sont propres, c'est-à-dire à l'aide de la loi et de la puissance publique. M. le duc de Broglie lui-même semble si pénétré de cette vérité, qu'il subordonne entièrement le droit de punir au droit de la répression et de la défense : « Le citoyen coupable, dit-il, pourrait se plaindre, non point de subir l'expiation de la peine, mais de la subir de la main du législateur, si le législateur l'exigeait dans une autre vue que le maintien de la paix publique. » S'il en est ainsi, que tout châtiment prononcé par le législateur n'est légitime qu'à la condition de contribuer à la conservation de la paix publique, pourquoi parler d'expiation ? pourquoi distinguer le principe d'expiation du principe de la répression ou de la défense ? pourquoi introduire dans la loi et dans le droit public un principe qui n'y est d'aucun usage et qui conduit nécessairement, dès qu'on veut l'appliquer, à des actes d'usurpation, à des abus de la force? L'un ou l'autre : ou le principe d'expiation ne tombe point sous la puissance humaine, sous la puissance de la société et de la loi : alors il faut l'écarter entièrement et le reléguer dans le domaine du ciel, dans l'ordre universel du monde, dont la réalisation n'appartient qu'à la puissance divine ; ou le principe d'expiation est véritablement pour l'homme un principe d'action, une règle de législation, une loi obligatoire, une mesure pratique de justice distributive : alors, quoi qu'il en puisse coûter à notre sensibilité, il faut l'appliquer dans toute sa rigueur, il faut l'appliquer à toutes les actions que la société peut saisir. S'il en est ainsi, il faut revenir à l'inquisition et aux supplices ; car il n'y a que l'inquisition religieuse ou sociale qui puisse pénétrer dans le foyer de la vie privée, et saisir l'immoralité sous toutes ses formes ; il n'y a que des supplices d'une variété infinie qui puissent offrir une punition proportionnelle pour des crimes également variés. Il faudra que le parricide souffre plus en mourant que l'incendiaire, l'incendiaire plus que l'assassin vulgaire, l'assassin qui a tué à petit feu plus que celui qui a tué d'un seul coup. Il faudra demander, avec Joseph de Maistre, des gibets, des roues, des bûchers ; il faudra demander à Dieu de créer tout exprès un miracle de férocité pour suffire à cette exécrable tâche. Si ces conséquences nous font horreur, et si cette horreur est légitime, il faut repousser également le principe qui les a fournies.

Je terminerai cette discussion par une observation qu'on ne trouvera peut-être pas inutile, quoiqu'elle se rattache à la question par un point purement accessoire. Je viens de dire que l'homme n'avait aucun droit de commander à son semblable; que l'autorité, indispensable à l'ordre social, n'était que l'instrument, la condition et la sauvegarde de la liberté. Est-ce là manquer de respect envers l'autorité et envers la loi qui l'a instituée, par conséquent envers la société elle-même? Je ne le pense pas. Je crois, au contraire, que c'est relever l'autorité et la rendre plus respectable à nos yeux. Un homme réduit à lui-même, si grand qu'il puisse être, est peu de chose encore. Je ne dirai pas avec Aristote qu'un homme qui gouverne c'est la passion qui gouverne; mais la passion et la faiblesse occupent une grande place dans ses décisions. Le pouvoir, qui est l'expression de la loi; la loi, qui est l'expression du droit, de l'ordre social, de l'ordre moral, de la justice, de la liberté, voilà qui est véritablement la plus haute majesté que nous puissions contempler sur la terre; voilà qui est fait pour courber nos fronts, pour émouvoir nos cœurs, pour commander le dévouement et le respect, pour concilier ensemble deux sentiments si souvent opposés : le sentiment de la soumission et celui de la fierté du citoyen, le sentiment de la soumission et celui de la dignité humaine.

Dans l'année même où la *Revue française* publiait l'article de M. le duc de Broglie, Rossi, qui expiait alors dans l'exil l'honneur d'avoir été un des premiers champions de la nationalité italienne, en attendant qu'il en devint le prophète et le martyr; Rossi mettait la dernière main à son *Traité du Droit pénal* (1). Les idées qui font le fond de ce remarquable ouvrage sont à peu près celles que nous venons d'examiner et que nous avons déjà rencontrées en grande partie chez M. Guizot. Mais, revêtant, sous la plume de l'auteur italien, une forme plus savante et plus rigoureuse, elles sont devenues un système, quelque chose de plus encore, un traité régulier qui embrasse dans un cadre heureux les questions les plus importantes du droit pénal. Voici comment se trouve résolue dans ce livre la question qui nous occupe en ce moment, celle qui précède nécessairement toutes les autres, la question de la nature et de l'origine du droit de punir.

L'homme est un être moral, il a des devoirs à remplir, il a les facultés que suppose la notion du devoir, il a la raison et la liberté; donc il est responsable de ses actions, il en a le mérite quand elles sont bonnes, il en a la honte quand elles sont mauvaises.

L'homme n'est pas seulement un être moral, il est un être sociable. « L'homme est sociable comme il est libre, intelligent, sensitif; le considérer abstraction faite de la sociabilité, c'est complétement déna-

____

(1) La première édition a paru en 1829, à Genève et à Paris. Elle se compose de 3 vol. in-8. Une seconde édition en 2 vol. a été publiée à Paris, par M. Faustin Hélie, avec une savante introduction de l'éditeur. Cette seconde édition a été, de la part de M. Odilon Barrot, l'objet d'un rapport intéressant à l'Académie des sciences morales et politiques.

turer l'objet qu'on veut examiner ; c'est nous parler de la nature des poissons comme vivant hors de l'eau. »

La sociabilité est plus qu'une simple qualité de notre nature, qu'une simple condition imposée à notre conservation et à notre bien-être ; elle est indispensable à la moralité elle-même, car hors de la société l'homme n'a ni la conscience ni le sentiment de ses devoirs, ni aucun moyen de les accomplir ; hors de la société, l'ordre moral cesse d'exister pour lui. Donc, la société lui est imposée par le devoir aussi bien que par l'instinct. Vivre en société, respecter les lois sur lesquelles repose l'ordre social, est pour lui une obligation aussi rigoureuse que toutes les autres, puisque toutes les autres seraient vaines et sans effet si celle-là n'était pas remplie.

Celui qui manque à cette obligation, celui qui trouble l'ordre social, soit en compromettant la sécurité de la société entière, soit en violant les droits individuels de quelqu'un de ses membres, celui qui refuse à la société des services indispensables à sa conservation, ou qui met obstacle, autant qu'il est en lui, à la sécurité et à la liberté qu'elle doit garantir à l'individu ; celui-là fait aussi bien le mal et est aussi responsable du mal qu'il fait qu'un homme directement en révolte contre l'ordre moral.

Or, un des principes fondamentaux, une des lois les plus absolues de l'ordre moral, c'est que le bien doit être rétribué par le bien et le mal par le mal, c'est-à-dire que le bien doit être récompensé et que le mal doit être puni. Le même principe, la même loi s'applique donc à l'ordre social en tant que la société est l'état hors duquel l'ordre moral est irréalisable pour la nature humaine.

La rétribution du mal par le mal, la punition, doit donc être considérée sous un double point de vue : au point de vue de l'ordre moral tout seul et de la justice absolue, et au point de vue de l'ordre social ou de la justice relative. Dans le premier cas, elle échappe complétement à notre puissance, car l'œuvre de l'expiation ainsi comprise ne comprend pas seulement le châtiment, mais la réparation complète du mal et la réconciliation complète du coupable avec lui-même, du coupable avec la loi qu'il a violée. Mais renfermée dans les limites de l'ordre social, envisagée comme un moyen d'expiation et tout à la fois de répression, comme un moyen de châtier et de prévenir le mal fait à la société, la punition n'est pas seulement possible, elle est parfaitement légitime.

En effet, la société a un droit sur l'individu. Ce droit découle pour elle du rapport qui existe entre l'ordre social et l'ordre moral, du devoir qui oblige l'individu à vivre dans son sein. Comment l'individu serait-il obligé de vivre dans la société sans que la société fût, par cela même, autorisée à l'y contraindre en le forçant à concourir à sa conservation, en exigeant de lui tout ce qui est nécessaire à sa défense et en lui infligeant, quand il l'attaque, une souffrance ou un dommage proportionné à l'étendue de sa rébellion ? Le droit de la société sur l'individu est donc la condition indispensable de son existence ; il est nécessaire à l'accomplissement de la loi morale dans l'humanité et au développement des facultés que cette loi suppose. Par conséquent, il emporte avec lui non-seulement le droit de contrainte, non-seulement le droit de répression et de réparation, mais le droit de châtiment.

« Le droit de punir, dit M. Rossi (1), est tout aussi légitime que l'ordre social et le pouvoir social ; il est comme eux une loi morale imposée à l'espèce humaine.» — « La justice humaine est une loi naturelle, un élément du système moral dans ce monde, comme la gravitation est une loi du système physique destiné à retenir les corps dans l'orbite qui leur est tracée. »

L'exercice du droit de punir, ou la justice criminelle, a sans doute pour effet de prévenir les crimes, d'instruire et d'intimider ceux qui sont témoins de ses œuvres et quelquefois d'amender le coupable lui-même. Mais il ne faut pas confondre les effets avec le but. « Son but essentiel et direct, selon les expressions de Rossi (2), est le rétablissement de l'ordre social troublé dans l'un de ses éléments par un délit. » En d'autres termes, le but essentiel et direct de la justice pénale, c'est la punition elle-même. Tout le reste, instruction, intimidation, amendement, répression des crimes à venir, nous est donné par surcroît. Et cependant, quand ces effets spontanés font défaut, quand il n'est pas possible de prévoir qu'ils suivront l'œuvre pénale, cette œuvre elle-même cesse d'être légitime. « La justice pénale doit agir, en cas de délit, lorsque les effets naturels

(1) T. I, p. 284, édit. de 1829.
(2) *Ibid.*, p. 292.

de cette justice peuvent se développer au profit de
l'ordre social (1). » — «La justice sociale s'arrête là où
il y a absence de besoins et de moyens. » Elle est soumise à trois conditions que Rossi compare ingénieuse-
ment à trois cercles concentriques. Il faut d'abord que
la punition infligée soit juste, c'est-à-dire qu'elle n'atteigne qu'une action moralement condamnable et celui
qui est coupable de cette action, et qu'elle soit proportionnée non-seulement à la gravité de la faute, mais
à la perversité de celui qui l'a commise; il faut ensuite
qu'elle soit utile à la conservation et à la défense de la
société, qu'elle soit propre à prévenir d'autres crimes
et d'autres délits; il faut enfin qu'elle soit facile à appliquer, qu'elle entre dans les moyens de répression
dont la société dispose, et que le délit lui-même soit
facile à saisir.

Ces conditions, nous les connaissons déjà. Ce sont
exactement les mêmes que M. Guizot a appelées la criminalité morale, le péril social et l'efficacité de la peine.
C'est à M. Guizot, dont le traité *De la peine de mort en
matière politique* a précédé le livre de Rossi, qu'il en faut
attribuer la première idée; et puisqu'elles nous ont paru
parfaitement fondées chez l'un de ces écrivains, nous
ne songeons pas à les contester à l'autre. Mais ces sages
restrictions imposées à la pénalité sont-elles bien com-
patibles avec le principe du droit pénal tel que le conçoit et tel que le définit le publiciste italien?

Rossi, comme on a pu s'en convaincre par l'analyse

____

(1) *Ibid.*, p. 293.

sommaire que nous venons de présenter de sa doctrine, a évité la faute où est tombé M. de Broglie. Pour lui, le principe du droit pénal, c'est-à-dire le droit de punir, se distingue de tout autre principe. Il ne se réunit ni au droit de défense ni au droit d'intervention dans la défense d'autrui. Il existe pour lui-même ou il n'existe pas, et, par conséquent, il doit s'exercer pour lui-même. Mais alors pourquoi le circonscrire dans d'autres limites que celles qui résultent de la faiblesse humaine? pourquoi soutenir qu'il n'est légitime que lorsqu'il s'exerce au profit de la société, ou, pour parler clairement, lorsqu'il sert à prévenir les délits et les crimes par la puissance de l'intimidation, par la force de l'exemple? « La pénalité, nous répond Rossi, ne se propose pas de prévenir les crimes; car on peut prévenir les crimes en punissant des innocents et en violant les règles de la justice (1). » Oui, sans doute, mais pourquoi la société ne se proposerait-elle pas de prévenir les crimes sans violer les règles de la justice? Les règles de la justice consistent-elles uniquement dans l'exercice du droit de punir, même si l'on suppose que le droit de punir appartient à la société? Les règles de la justice ne seront-elles pas observées si la société se renferme dans le droit de répression, dans le droit de défense par voie d'intimidation, et si elle a soin de n'exercer ce droit que contre ceux qui ont violé ses lois et qui par là même sont des coupables? Ils sont coupables, oui; il faut qu'ils le soient pour que la société ait prise sur eux;

(1) T. I, p. 292, édit. de 1829.

mais il n'est pas nécessaire, parce qu'ils sont coupables, que la société les punisse. Il suffit qu'elle les mette hors d'état de lui nuire et que la contrainte qu'elle leur impose soit telle, que d'autres ne soient pas tentés de les imiter. « Prévenir les crimes, nous dit encore M. Rossi, ce n'est que l'effet de la pénalité, ce n'est pas son principe. » Mais si le principe et le but doivent être exactement renfermés dans l'effet, sans pouvoir jamais le dépasser, ne sont-ils pas confondus avec lui et n'est-il pas chimérique de les en séparer?

C'est donc une inconséquence de reconnaître à la société le droit de punir et de lui en interdire en même temps l'exercice, ou, ce qui est la même chose, de confondre ce droit, dans la pratique, avec un autre qui est complétement différent et beaucoup plus restreint. Mais est-il bien démontré par les arguments de Rossi que la société a le droit de punir? Je suis loin de le penser. On peut admettre sans réserve la dépendance qu'il établit entre l'ordre moral et l'ordre social. Oui, il est vrai que la vie sociale n'est pas seulement pour l'homme une nécessité, mais une obligation morale, puisqu'elle est la condition sans laquelle nulle autre obligation ne peut être remplie. Il est vrai encore que l'ordre moral reposant sur deux principes : le principe du devoir et le principe de la sanction, c'est-à-dire de la rémunération du bien par le bien et du mal par le mal, ces deux principes s'étendent également à l'ordre social. Mais qu'est-ce à dire? que le principe de la rémunération ou le principe de l'expiation, comme on l'appelle quand on se renferme dans la rétribution du mal par le mal, que le principe de l'expiation s'applique aux désordres qui troublent la société comme à ceux qui blessent les lois de la conscience. Or, dans ce dernier cas, le principe d'expiation, comme nous l'avons démontré, n'est pas une règle proposée à l'activité humaine, ni une idée dont la réalisation dépende de notre intelligence ou de nos forces. Pourquoi donc serait-il compris autrement lorsqu'il s'agit d'une action coupable selon les lois de l'ordre social? L'auteur d'une telle action mérite, sans contredit, un châtiment ; mais ce châtiment doit-il venir de la société, non pas à titre de répression, mais à titre d'expiation? Voilà toute la question, et selon la théorie même de M. Rossi, à laquelle, encore une fois, nous donnons une complète adhésion, elle ne peut être résolue que négativement.

Toutes les opinions que nous venons de passer en revue, tant celle de M. Rossi que celles de M. le duc de Broglie, de M. Cousin, de M. Guizot et de tous les publicistes de cette école, dérivent d'une même source : elles viennent directement de Kant. C'est Kant qui a dit le premier, dans ses *Principes métaphysiques du droit* (1), que la peine juridique, c'est-à-dire le châtiment prononcé par la loi pour un crime ou un délit contre la loi, ne peut jamais être infligée comme un simple moyen de procurer un autre bien, même au profit du coupable ou de la société dont il fait partie, mais par la seule raison qu'il a fait le mal. « Car jamais un homme, ajoute le philosophe allemand, ne peut

____

(1) Deuxième partie, section 1re, § 49.

être pris pour instrument des desseins d'un autre homme, ni être compté au nombre des choses, objet du droit réel ; sa personnalité naturelle, innée, le garantit contre un pareil outrage, bien qu'il puisse être condamné à perdre sa personnalité civile. Le malfaiteur doit être jugé punissable avant qu'on ait pensé à quelque utilité pour lui ou pour ses concitoyens. » Kant pousse la rigueur de son principe à ce point, qu'un homme condamné à mort dans une île qui sera tout à l'heure abandonnée, devrait, selon lui, subir sa peine avant la dissolution de la société, afin que le crime ne restât pas impuni, afin que le peuple qui laisserait échapper un tel criminel à la sévérité des lois se préservât de la honte d'être son complice.

On ne pourra du moins reprocher à Kant d'être inconséquent. Considérant la rétribution du mal par le mal, non comme le complément, mais comme une partie de la loi morale ; non comme la sanction absolument infaillible dans l'ordre universel des choses, mais comme une application directe, comme une réalisation immédiate de la loi du devoir, ou, pour parler son langage, comme un *impératif catégorique*, c'est-à-dire comme un ordre absolu adressé par la raison à la volonté humaine, il n'admet pas que le droit de punir puisse être mitigé ou limité par aucune considération tirée de l'ordre social ou du sentiment de la pitié. On peut contester avec lui sur l'existence de ce droit entre les mains de l'homme et de la société ; on ne peut pas lui reprocher, comme à ses disciples et à ses successeurs, de l'avoir mutilé ou détruit sous prétexte de le régler et de le circonscrire. « La loi pénale, dit-il, est un impératif catégorique, et malheur à celui qui se traîne dans les sentiers tortueux de l'*eudémonisme* (des considérations inspirées par l'idée du bien-être et le sentiment de la pitié), pour rencontrer un moyen de décharger le coupable de la totalité ou d'une partie de la peine qu'il mérite, au nom des avantages qu'on en pourrait retirer. Arrière cette maxime des pharisiens ! Il vaut mieux qu'un seul homme périsse que tout un peuple ; car, lorsque la justice est méconnue, les hommes n'ont plus de raison de vivre. »

Kant, grâce à la résolution avec laquelle il a développé sa théorie, a su échapper à une autre difficulté que n'ont point évitée ses imitateurs. Il a déterminé le rapport qui doit exister, selon lui, entre le châtiment et la faute, il a fait dériver ce rapport d'un principe aussi absolu que le droit même, ou, pour nous placer à son point de vue, que le devoir de punir. Ce principe, quel est-il ? « C'est, nous répond le philosophe allemand, le principe de l'égalité, apprécié à la balance de la justice, sans pencher ni d'un côté ni de l'autre. » Mais dans l'histoire, où il se montre à nous près du berceau de la société humaine ; dans l'histoire, qui le fait remonter jusqu'à l'enfance du genre humain, il reçoit un autre nom, il s'appelle la loi du talion : dent pour dent, œil pour œil, plaie pour plaie, vie pour vie. Cette identification entre le principe de Kant et la règle de la justice pénale que nous trouvons inscrite dans le Pentateuque, n'est pas une supposition de notre part ; elle est acceptée franchement par l'auteur des *Principes métaphysiques du droit.* « Le mal non mérité, dit-il, que tu fais à un autre d'entre le peuple, tu le fais à toi-même : si tu le déshonores, tu te déshonores toi-même; si tu le voles, tu te voles toi-même ; si tu le frappes, si tu le fais mourir, tu te frappes, tu te fais mourir toi-même. Il n'y a que le droit du talion qui puisse déterminer d'une manière précise la qualité et la quantité de la peine, à la barre du tribunal..... Tous les autres droits sont chancelants et ne peuvent, à cause des considérations étrangères qui s'y mêlent, s'accorder avec la sentence d'une justice pure et rigoureuse. »

A la bonne heure ! Voilà qui est parler franchement ; voilà le moyen de sortir de l'équivoque, des faux-fuyants, des inconséquences. C'est un fait à remarquer, que l'opinion de Kant a été également celle des pythagoriciens et des stoïciens, de tous ceux qui, ayant fait entrer la loi pénale dans la loi morale, se sont crus obligés, pour être d'accord avec eux-mêmes, de les soustraire l'une et l'autre aux transactions, aux ménagements, aux exceptions qui tendent à les altérer ou à méconnaître leur caractère impératif et absolu.

Cependant est-il possible d'admettre : 1° que la rétribution du mal par le mal se confonde avec la loi du devoir, et soit pour la société, pour l'homme en général, non-seulement un droit, mais une obligation rigoureuse ? 2° que le seul rapport légitime, le seul rapport équitable entre le châtiment et le délit, soit une parfaite égalité, ou, pour mieux dire, une ressemblance matérielle entre le dommage qu'on a causé aux autres ou qu'on a eu seulement l'intention de leur causer, et

celui que le coupable doit souffrir lui-même à titre
d'expiation ? Nous avons déjà répondu à la première
question ; nous avons montré, entre le principe de l'expiation, ou, comme on voudra l'appeler, le principe de
la sanction, le principe du mérite et du démérite, et le
principe du devoir, une radicale différence. Par conséquent, le droit de punir, dans le sens propre du mot,
dans le sens d'une satisfaction donnée au principe de
l'expiation, n'existe pas pour l'homme, n'existe pas davantage pour la société, même si elle se renferme dans
le cercle de ses besoins ou dans l'intérêt de sa conservation et de sa liberté. Quant à la seconde question, elle
est résolue d'elle-même. Personne n'oserait proposer
de ressusciter chez les nations modernes la loi du talion. La loi du talion, si elle a jamais été appliquée, ne
pouvait l'être que dans les sociétés les plus ignorantes
et les plus barbares ; car elle reste toujours soumise,
dans la pratique, à la condition qu'on fait à Shilock.
Dès qu'on va au delà ou qu'on reste en deçà de la quantité de chair qu'elle nous permet d'enlever à notre ennemi, dès qu'elle manque à la stricte, à l'absolu égalité, elle tombe dans l'iniquité et dans l'arbitraire. Je ne
parle point des autres objections qu'elle soulève contre
elle, des supplices qu'elle rendrait indispensables, de
l'état de cruauté, de barbarie, d'avilissement dans lequel elle plongerait la société, et de l'impuissance où
elle se trouverait malgré cela, des actes d'immoralité
qu'elle serait forcée de commander, si elle devait être
appliquée à tous les délits et à tous les crimes. Aussi
Kant, sur ce point, n'est-il pas aussi rigoureux ni aussi

conséquent qu'il veut le paraître. Il garde un silence prudent sur toutes les mesures que provoquerait son principe d'égalité absolue.

Il y a plus, la loi du talion, quoique prescrite par le Pentateuque, n'a jamais été exécutée dans la république des Hébreux. Ainsi que le démontre M. Salvador, elle a été un principe plutôt qu'une loi. Moïse ne prescrit que dans un seul cas l'application rigoureuse de la loi du talion par la peine de mort : dans le cas de meurtre volontaire. Partout ailleurs il admet les transactions et les compositions pécuniaires : « Un homme, dit-il, qui aura frappé son adversaire de manière à le forcer à garder le lit, le fera guérir et le dédommagera du temps qu'il aura perdu. » Ce n'est donc pas dans tous les cas *fracture pour fracture, blessure pour blessure.* La loi du talion est donc inexécutable et n'a jamais été exécutée chez aucun peuple.

CHAPITRE VII.

QUEL EST LE FONDEMENT VÉRITABLE DU DROIT DE PUNIR ?

Nous sommes arrivé à ce résultat, que les lois pénales ne sont justes, ne sont légitimes, ne sont d'accord avec la raison, que si elles ont pour base, non le principe d'expiation, la rétribution proportionnelle du mal par le mal, ou l'équilibre du mal moral et de la souffrance, mais le droit de conservation de soi-même, qui appartient à la société comme à l'individu, et qui ré-

sulte pour elle du même principe. La société étant la
condition hors de laquelle l'ordre moral est irréalisable
pour l'homme, sa conservation est pour elle le premier
des droits, et pour l'individu le premier des devoirs. Le
droit que la société, dans l'intérêt de sa conservation,
exerce sur l'individu, ne peut donc pas être confondu
avec le principe de l'intérêt général ou de l'utilité publique ; il est impossible d'en faire sortir, comme de
celui-ci, la justification de l'oppression et de l'arbitraire. Appuyé sur la loi morale, il est limité et réglé
par elle, il ne peut être invoqué à juste titre qu'autant
que les lois et les institutions de la société sont un
moyen direct ou indirect de défendre la liberté et de
favoriser le développement des facultés naturelles de
l'homme.

Ce droit incontestable, inaliénable, absolu, de pourvoir à sa propre conservation, la société ne peut l'exercer que de deux manières : par la contrainte et par la
répression. Elle use de contrainte quand elle est obligée
d'arracher par la force les services sans lesquels elle ne
peut subsister, et que la plupart de ses membres lui fe-
raient attendre vainement de leur patriotisme et de leur
conscience : c'est de cette manière qu'elle obtient, par
exemple, la rentrée des impôts et le service militaire.
Elle use de répression quand elle empêche ou prévient
les actes qui troublent sa sécurité, soit qu'ils attentent
à l'ordre général sur lequel l'État repose, soit qu'ils
blessent les droits particuliers des citoyens. La contrainte et la répression, dans les bornes où nous venons de les circonscrire, sont parfaitement légitimes,

car elles sont, l'une et l'autre, absolument nécessaires
à la conservation, je ne dis pas de tel ou tel gouvernement, de tel ou tel régime, mais de l'ordre social lui-
même, considéré dans ses principes les plus universels
et les plus élémentaires.

On voit très-bien de quelle manière et dans quelle
limite s'exerce le droit de contrainte. Le droit de contrainte ayant pour unique but la prestation du service
dont la société a besoin, s'arrête aussitôt que ce résultat
a été obtenu. Je refuse de payer mes contributions : la
société saisit mon mobilier pour une valeur égale à la
somme qui représente ma part proportionnelle dans la
répartition générale de l'impôt. Je refuse d'étayer ou de
rebâtir le mur de ma maison, qui menace d'écraser les
passants : l'autorité municipale le fait étayer ou rebâtir
à mes dépens. Voici un jeune conscrit qui refuse de se
rendre à son régiment : la gendarmerie va le chercher
pour le mettre à la discrétion de l'autorité militaire, et
celle-ci le retient sous les drapeaux jusqu'à l'expiration
de ses sept années de service.

La question n'est plus aussi simple quand il s'agit du
droit de répression. Le droit de répression consiste-t-il
uniquement à empêcher les actes qui jettent le trouble
dans l'ordre social ? Personne n'oserait le prétendre,
car la société ne peut empêcher directement que la
réalisation des mauvais desseins dont elle a été instruite,
ou la consommation des actions coupables qui sont en
voie d'exécution. Or, ce cas est d'une rareté extrême,
et il n'est même pas à désirer qu'il soit trop fréquent,
car cela supposerait une police formidable, et les déve-

loppements exagérés de la police, en admettant qu'ils soient favorables à la sécurité, ne sont pas un avantage pour la liberté. Le droit de répression ainsi compris serait absolument illusoire et anéantirait avec lui le droit de conservation. Il est donc indispensable qu'il s'étende au delà du mal actuel, c'est-à-dire du mal imminent ; il faut qu'il atteigne les crimes et les délits à venir, non-seulement dans le coupable qui est en ce moment sous la main de la justice, mais dans tous ceux qui seraient tentés de l'imiter. En un mot, le droit de répression n'est rien sans le droit d'intimidation, et c'est précisément le droit d'intimidation qui est la base de la loi pénale. Il n'y a pas de pénalité avec la répression renfermée dans l'empêchement d'un délit qui n'est qu'en voie d'exécution ; il n'y en a pas davantage dans la contrainte : elle est donc tout entière, le principe d'expiation une fois écarté, dans le droit d'intimidation.

Le droit d'intimidation n'est pas un droit particulier qui puisse se défendre par lui-même ou qui repose sur un principe distinct ; il n'est que le droit de répression sous sa forme la plus active et la plus efficace, comme le droit de répression n'est lui-même qu'une des conséquences, une des applications les plus nécessaires du droit de conservation. Dans l'ordre social comme dans la sphère de la vie individuelle, le droit de conservation de soi-même, c'est-à-dire le droit de vivre et d'être, n'est pas autre chose, après tout, que le droit de légitime défense. Il m'est impossible de souscrire à la distinction qu'a voulu établir un savant magistrat, un profond criminaliste, M. Faustin Hélie, entre le droit de conservation et le droit de défense ; il m'est impossible de comprendre le sens de ces mots : « La société n'exerce point un droit de défense, comme on l'a dit improprement, elle exerce purement et simplement un droit de conservation, droit qui s'étend à tous les droits, à tous les intérêts sociaux, et qui porte en lui-même, comme un développement logique et nécessaire, les mesures de prévoyance et les mesures de répression. » Qu'on essaye de donner une définition philosophique du droit de défense, on n'en trouvera pas d'autre que le droit de se conserver par tous les moyens qui ne blessent pas la justice, et par conséquent en repoussant par la force une agression injuste. Tout au moins, le droit de défense est-il une partie intégrante, une partie nécessaire du droit de conservation. D'un autre côté, si l'on voulait définir le droit de conservation de soi-même dans les rapports qu'il présente avec l'ordre social, avec l'activité de nos semblables, on serait obligé de dire qu'il est le droit de se défendre, le droit de repousser la force par la force.

Nous voici maintenant en face de la véritable, ou pour mieux dire de la seule difficulté de la question. Comment le droit de défense peut-il donner pour résultat le droit d'intimidation, c'est-à-dire la justice pénale ? Le droit de défense, comme nous l'avons déjà dit, s'exerce contre les délits et les crimes qui sont en voie d'exécution, ou contre les tentatives de délits et de crimes ; il n'est que la force opposée à la force, la répression du mal imminent. L'intimidation, c'est la force employée contre un ennemi vaincu et désarmé, contre un mal consommé et irréparable, dans le dessein de réprimer le mal à venir. Par quel côté, au nom de quel principe moral cet ennemi désarmé, cet agresseur vaincu tombe-t-il sous les rigueurs de la société? Par quel côté et dans quelle limite donne-t-il prise contre lui aux mesures d'intimidation?

Le droit de défense tel que la société l'exerce, soit pour son propre compte, soit pour le compte de chacun de ses membres, ne peut pas se comparer à la défense individuelle. Celle-ci, comme les philosophes et les jurisconsultes le soutiennent avec raison, cesse d'être légitime dès que l'agression a cessé. L'étendre plus loin, c'est la faire dégénérer en vengeance, c'est mettre à sa place ou l'intérêt ou la passion. Mais la société, avant comme après l'agression, représente toujours le droit. Celui qui attente à ses lois, j'entends parler des lois véritablement nécessaires à sa conservation, des lois inspirées par la raison et par la justice, celui-là, quand même il ne ferait tort qu'à un individu, et un tort même léger, celui-là est devenu coupable envers tout le corps social ; il s'est attaqué aux droits de tous, ou plutôt au droit lui-même, il est resté en face de lui armé et menaçant ; car les lois et les principes qu'il a attaqués, il les méconnaît, il les nie ; les méconnaissant et les niant, il est toujours prêt à les attaquer encore. Or, par cela seul qu'il s'est déclaré l'ennemi des lois protectrices de l'ordre social, par conséquent de l'ordre social et du droit commun, il cesse d'être protégé par ces mêmes lois, par ce même ordre de choses, par ce même droit commun sur lequel se fondaient auparavant sa liberté, sa qualité de citoyen, la sécurité de sa personne et de ses biens. Tous ces avantages, il les a perdus ou compromis dans une mesure égale à l'étendue de son délit ou de son crime. Ainsi, par exemple, celui qui a attenté à la vie d'un de ses semblables, celui-là a déclaré, d'une manière plus significative que par des paroles, il a déclaré par ses actes que la vie de l'homme innocent n'est pas une chose inviolable à ses yeux ; il sera donc prêt à recommencer si l'occasion s'en présente ; partant, il ne peut pas demander que le droit qu'il dénie aux autres, le protége lui-même ; il ne peut pas espérer de la loi et de la société qu'elles respectent une vie devenue un danger pour celle des autres. Celui qui a attenté à la liberté ou à la propriété de ses semblables, s'est placé dans une situation analogue : il nie le droit qui protége la liberté, il nie le devoir qui nous ordonne de nous abstenir de tout acte de violence, d'oppression ou de spoliation ; par conséquent, sa liberté est devenue une menace publique, un danger pour la liberté des autres, et à ce titre la société n'a aucun motif de la respecter. Tout au contraire, c'est son devoir de prendre contre elle les précautions qui lui semblent nécessaires à la sécurité commune. Au lieu d'un être libre, d'un être moral qui respecte dans le droit des autres son propre droit, elle ne voit plus devant elle qu'une force brute qu'il faut contenir et rendre inoffensive. C'est dans ce sens, dans le sens du droit et non celui de la rémunération, que Kant a eu raison de dire : « Si tu voles les autres, tu te voles toi-même ; si tu les déshonores, si tu les frappes, si tu les fais mourir, tu te déshonores, tu te frappes toi-même, tu prononces contre toi-même une sentence de mort. » En d'autres termes, tout ce qu'on enlève au droit d'autrui, on le perd justement de son propre droit, et celui qui est déchu de son droit n'est plus, dans la mesure de cette déchéance, qu'une force que la société peut comprimer dans l'intérêt de sa conservation.

Comment la société, dans l'intérêt de sa conservation, arrive-t-elle à comprimer la bête humaine, je veux dire cette force intelligente qui, se plaçant hors du droit, n'a plus d'autre règle que la passion et est devenue pour l'homme véritable un danger de chaque instant? Ce n'est pas en tenant constamment sous son regard, en lui faisant subir une contrainte perpétuelle, en engageant avec elle une lutte sans trêve et sans relâche. Cela, elle ne le peut pas, c'est au-dessous de sa dignité, et dépasse la mesure de ses forces. Il faut donc qu'elle se borne à infliger à son adversaire, après chaque agression, un traitement tel qu'il n'ait pas envie de recommencer, et que d'autres ne soient pas tentés de l'imiter. Ce traitement sera toujours assez rigoureux si les souffrances qu'il amène avec lui l'emportent sur les avantages du délit ou du crime. Eh bien, c'est en cela précisément que consiste l'intimidation; c'est par là que l'intimidation pèse à la fois sur le mal présent et sur le mal à venir, sur le mal possible ; c'est par là que le droit d'intimidation rentre, pour la société qui l'exerce, dans le droit de conservation ou de légitime défense.

Mais la loi pénale peut être considérée encore à un

autre point de vue, peut être justifiée par un autre principe qui, sans ébranler le droit d'intimidation, le complète et le fortifie : je veux parler du principe de réparation. La société, sous le rapport non-seulement des droits qu'elle représente, mais des personnes dont elle se compose, peut être considérée comme un tout indivisible. Celui qui a fait tort à un de ses membres, a fait tort à tous les autres ; car lorsqu'un homme a été volé, insulté, maltraité, assassiné, tous tremblent pour leurs biens, pour leur honneur, pour leur sécurité, pour leur vie ; tous sont ébranlés dans la confiance qu'ils ont accordée jusque-là à la protection des lois, et cette crainte est un mal réel, proportionné à la gravité du désordre qui a été commis. Cette crainte empoisonne leur existence, paralyse leur activité, arrête l'essor de leur talent ou de leur industrie, et les atteint dans leurs intérêts aussi bien que dans leurs sentiments et dans leurs droits. Or, c'est là un dommage qui demande une réparation complète, une réparation immédiate, et que la société est obligée de procurer, sous peine de manquer à son premier devoir. Comment cette réparation sera-t-elle obtenue ? Par le rétablissement de la sécurité troublée, par la restitution de la confiance publique ; en un mot, par des moyens d'intimidation capables d'empêcher à l'avenir les mêmes délits ou les mêmes crimes qui viennent de se produire. Qui doit faire les frais de la réparation ? Évidemment celui qui a causé le dommage. Donc, il est juste qu'il serve d'exemple, il est juste qu'il tombe sous l'action de la loi pénale, il est juste qu'il souffre des rigueurs propres à intimider ses pareils et à le contenir lui-même. Voilà de nouveau la loi pénale justifiée au nom du droit, au nom de la justice, telle que la société est non-seulement capable, mais obligée de la pratiquer envers tous ses membres, sans qu'il soit nécessaire de faire intervenir le principe de l'expiation. Personne, en effet, ne sera tenté de confondre la réparation d'un dommage avec le châtiment proprement dit, avec le prétendu droit de punir, avec la réparation du mal moral par la souffrance. Ici la souffrance n'a pas d'autre but que de restituer à la société ce qu'on lui a pris, c'est-à-dire la confiance qu'elle inspirait, le respect attaché à ses lois, l'efficacité de son action protectrice.

Les conséquences que cette théorie apporte avec elle suffiraient seules pour la démontrer, si elle ne trouvait déjà sa preuve en elle-même. Il n'y a qu'une législation pénale, fondée sur le principe de la réparation et sur le droit qu'a la société, aussi bien que l'individu, de se conserver et de se défendre, qui puisse échapper aux dangers de l'arbitraire, et par conséquent rester conforme à la justice, qui puisse se concilier avec la liberté individuelle, avec les progrès de la civilisation et avec le principe même de la charité.

Nous avons démontré qu'avec le principe de l'expiation il n'y a aucun rapport déterminé entre le châtiment et la faute; car nous ne savons pas quelle espèce de souffrance est l'expiation naturelle d'une faute déterminée. Une loi pénale, fondée sur ce principe, est donc nécessairement arbitraire, et se trouve fatalement entraînée dans les voies de la cruauté, dans la carrière des suppliées, par la nécessité de varier la peine suivant le degré de perversité avec lequel a été commis le même crime. Rien de semblable ne peut lui être reproché si elle s'appuie sur les deux principes que nous venons d'exposer; la peine n'ira pas au delà de la réparation du dommage et des besoins de la défense. La peine sera suffisante, si la crainte inspirée par le crime se trouve anéantie par la certitude d'une répression proportionnée aux avantages du crime, et si le danger social se trouve éloigné.

Par là même, la loi pénale pourra admettre tous les progrès de la civilisation et devenir plus humaine, plus douce, à mesure que la société elle-même entre dans les voies de l'humanité et de la douceur. Nulle rigueur ne devra être considérée comme éternelle, comme immuable. C'est ainsi que nous avons déjà vu disparaître l'exposition, la marque et la mort civile. C'est ainsi que nous voyons aujourd'hui la dégradation et le supplice bestial du bagne remplacé en partie par les colonies pénitentiaires. C'est ainsi que dans un jour, peut-être prochain, nous verrons disparaître la peine de mort. Que savons-nous? la prison elle-même, si l'instruction se répand, si les mœurs continuent de se polir, si le sentiment de l'honneur devient plus commun, la prison elle-même pourra peut-être faire place à la souffrance morale de la honte, ou à la perte d'une partie de nos droits civils et politiques. A coup sûr, la privation du bien-être et de la fortune, les peines pécuniaires seraient dès aujourd'hui, pour certains cas, plus rigoureuses que toutes les autres.

La loi pénale, telle que nous venons de la définir, est aussi la seule qui puisse se concilier avec la liberté individuelle, avec la liberté de conscience, avec l'inviolabilité du foyer domestique, avec les droits les plus précieux du citoyen. Les partisans du principe de l'expiation ont essayé, il est vrai, de renfermer l'action de la justice pénale dans la sphère des besoins de la société; mais on a pu se convaincre que leur modération est une inconséquence : car si le principe de l'expiation doit se renfermer dans cette limite, il cesse d'exister et il se confond avec le droit de conservation, avec le principe de réparation. S'il existe par lui-même, il faut qu'il pénètre partout où la main de la société peut s'étendre, il faut qu'il pèse sur les actes d'immoralité privée et jusque sur les égarements mêmes de la pensée; car aucune infraction à la loi morale, de quelque nature qu'elle puisse être, ne doit rester impunie. Mais alors, plus de liberté, plus de vie intérieure, plus de responsabilité. C'est l'inquisition et l'esclavage. La question même pourra être rétablie, car c'est un devoir absolu de rechercher le mal partout où il existe, afin de le punir, et si vous risquez de faire souffrir un innocent, vous avez la conscience de donner satisfaction à un principe absolu, à un principe divin, à une règle inflexible.

Enfin, avec le principe de l'expiation, point de pitié, point d'indulgence, point de ménagement pour le coupable. Vous êtes à son égard les exécuteurs de la justice divine, et vous n'en pouvez rien changer. Le droit de faire grâce, dans ce système, ne s'explique que par

le droit divin. Les rois étant les délégués et une image
de Dieu sur la terre, participent de sa toute-puissance.
Ils font grâce, non pour réparer les erreurs de la justice, mais pour faire acte d'autorité. Il n'en est pas de
même avec le principe de la conservation et de la réparation. La société, en frappant les rebelles qui outragent ses lois, n'ayant pas d'autre but que de se défendre, est amenée par ce principe même a éteindre dans
le cœur de son ennemi vaincu le germe du désordre,
c'est-à-dire les passions qui en sont la source. Elle s'ef-
forcera donc de l'amender, de le corriger, de l'instruire,
pendant tout le temps qu'elle le tient en son pouvoir.
L'amendement du coupable, sans être le but principal
de la loi, pourra donc venir en aide à la pénalité, en
donnant pour auxiliaire à la justice le principe de la
charité.

Mais il faut s'entendre sur ce mot, lorsqu'on le
fait intervenir dans l'œuvre de la justice pénale : il ne
faut pas que sous prétexte d'amender le coupable, on
l'encourage dans sa perversité par une coupable faiblesse et qu'on pousse au désespoir l'honnête homme
condamné à une vie de privations, à une carrière d'épreuves et de labeurs. On amende le coupable, non par
l'adoucissement de sa peine, mais par l'amélioration de
ses sentiments et de ses mœurs, par les germes de moralité et d'instruction qu'on répand dans son cœur, par
les austères habitudes qu'on introduit dans sa vie. La
vraie charité n'est pas celle qui s'adresse au corps, mais
celle qui a pour but le perfectionnement des âmes. C'est
dans son âme que l'homme doit être aimé. Ce n'est

qu'autant qu'il s'adresse à l'âme que l'amour du prochain se confond avec l'amour divin, et que les lois de la société participent au caractère auguste de la religion.

DEUXIÈME PARTIE.

DES ACTIONS QUI TOMBENT SOUS L'EMPIRE DU DROIT PÉNAL
ET QUE L'ON COMPREND HABITUELLEMENT SOUS LE NOM
DE DÉLITS.

CHAPITRE PREMIER.

DES DÉLITS EN GÉNÉRAL.

Tous nos efforts jusqu'ici ont eu pour but de déterminer les principes et les limites de ce qu'on appelle improprement le droit de punir, et qui n'est en réalité que le droit de répression et de réparation. Nous abordons maintenant une nouvelle question : nous allons rechercher quelles sont les actions contre lesquelles il faut exercer ce droit, quelles sont les actions punissables, ou qui tombent à juste titre sous l'empire de la loi pénale, celles qui portent en général, dans le langage de la jurisprudence, le nom de *délits*.

D'après l'acception la plus communément reçue parmi les jurisconsultes, le délit est une infraction à la loi pénale ; en d'autres termes, c'est une action que la loi a non-seulement défendue, mais à laquelle elle a attaché un châtiment. Selon Bentham, la première de ces conditions suffirait pour constituer le délit, le délit consisterait à désobéir à la loi, même si l'on n'a rien à craindre de sa sévérité, ou si la loi n'a pas de sanction. D'autres, supprimant la distance qui sépare la loi civile de la loi morale, et réclamant pour la société le droit de châtier même ce qui échappe à son regard et à sa puissance, ont confondu le délit avec le péché. Enfin, le Code pénal français, laissant de côté le caractère essentiel et, si l'on peut parler ainsi, la nature intrinsèque des actions condamnées par la loi, pour ne s'occuper que des degrés de juridiction dont elles relèvent, ou du degré de pénalité dont elles peuvent être atteintes, le Code pénal français distingue le délit du crime et de la contravention. Il appelle *crime,* « l'infraction que les lois punissent d'une peine afflictive ou infamante », c'est-à-dire de la mort; des travaux forcés, de la déportation, de la réclusion, de la dégradation civique (1). Il appelle *délit,* « l'infraction que les lois punissent des peines correctionnelles, » c'est-à-dire de l'emprisonnement à temps dans un lieu de correction, et dont la durée ne peut être au-dessus de cinq ans ni au-dessous de six jours; de l'interdiction à temps de certains droits civiques et civils, par exemple du droit de vote et d'éligibilité, du droit d'être appelé aux fonctions de juré, d'exercer des fonctions publiques ou des emplois dans l'administration, du droit de port d'armes, de vote et

____

(1) Code pénal, art. 1, 7, 8.

de suffrage dans les délibérations de famille, du droit d'être tuteur ou curateur, expert ou témoin, soit dans les actes civils, soit devant les tribunaux ; enfin, de la peine de l'amende, que la loi distingue toujours des restitutions et indemnités (1). Il appelle *contravention*, « toute infraction que les lois punissent des peines de police », à savoir l'emprisonnement pour une durée qui ne peut excéder cinq jours, une amende de quinze francs au plus et la confiscation de certains objets saisis (2).

On aperçoit sur-le-champ ou le vice ou l'insuffisance de ces définitions pour celui qui cherche une règle prise dans la nature des choses. Imposer le nom de délit à tout ce qui est une infraction à la loi pénale, c'est un cercle vicieux, c'est dire qu'une action punissable ou digne de punition est celle qui est en effet punie par la loi ; c'est dire que l'opium fait dormir parce qu'il a une vertu dormitive. Le même reproche peut s'adresser à Bentham. Le délit, dites-vous, c'est ce qui est défendu par la loi. Mais qu'est-ce que la loi doit défendre ? Voilà la véritable question ; car si cette question n'est pas résolue, le bien et le mal, ce qui est innocent et coupable, dépend entièrement du caprice des hommes et de l'arbitraire des législateurs. D'ailleurs, ce que la loi défend, elle est forcée de le punir, autrement, étant privée de sanction, elle demeure inefficace. De sorte que nous voilà réduits comme tout à l'heure à cette propo-

(1) Code pénal, art. 1, 9, 11, 2, 51.
(2) *Ibid.*, art. 1, 11, 464.

sition vide de sens : il faut regarder comme punissable toutes les actions qui sont punies. Il faut regarder comme criminel tout ce qui est incriminé, n'importe par quel pouvoir et par quelle législation. Socrate a mérité de boire la ciguë puisqu'il a désobéi à la loi qui défendait de reconnaître d'autres dieux que les dieux de l'Olympe. Les martyrs chrétiens, que Néron faisait brûler en guise de flambeaux dans ses jardins, et que Dioclétien faisait dévorer dans le Cirque par des bêtes féroces, sont des scélérats indignes de notre pitié, puisqu'ils professaient un culte que proscrivait la loi romaine : voilà où peut conduire l'absence de principes en matière de droit pénal. Quant à ceux qui assimilent le délit au péché, ils mettent le pouvoir de l'homme à la place du pouvoir de Dieu ; ils reconnaissent à la société un droit qui ne lui appartient à aucun titre et qu'elle est impuissante à exercer, celui de poursuivre le mal moral partout où il existe, jusque dans le secret de la solitude et dans les profondeurs de la conscience ; ils substituent au principe de la répression et de la réparation celui de l'expiation. Enfin notre Code pénal a voulu rester complétement neutre dans la question. Sans consacrer l'arbitraire de la part du législateur, il ne fait rien pour le lui défendre ; il le laisse tout entier à sa responsabilité, car la définition du Code pénal n'en est pas une ; elle se réduit, encore une fois, à une règle pratique pour fixer la compétence des différents tribunaux. Ce qu'on appelle contravention tombera sous la juridiction de la simple police. Ce qu'on nomme délit ressortira au tribunal correctionnel ; et enfin le crime appartiendra aux débats de la cour d'assises. Celui qui s'en tiendrait là ne serait pas un être pensant, ce ne serait pas un juge ou un défenseur comme notre raison aime à se les représenter; ce serait une machine à condamner et à plaider. Nous sommes donc obligés de chercher ailleurs, c'est-à-dire dans la conscience même, dans les rapports naturels de la société avec la loi morale et dans les principes que nous possédons déjà, une définition irréprochable du délit, ou une notion exacte des faits qui appartiennent à la répression sociale.

Puisque la société, comme nous l'avons démontré, n'a pas d'autre droit à faire valoir contre ses ennemis intérieurs ou extérieurs, contre ses propres membres ou les puissances étrangères, que celui de sa propre conservation, et qu'à ce principe seul doit se rattacher pour elle toute mesure de répression et d'intimidation, il ne suffit pas, pour tomber sous l'empire de la loi pénale, qu'une action soit coupable en elle-même ou condamnée par la loi morale, il faut qu'elle soit contraire à l'ordre social, c'est-à-dire qu'elle porte atteinte à la sécurité et à la liberté, soit de la société entière, soit des individus dont elle se compose. Cette proposition elle-même se ramène à celle-ci : une action ne peut être légitimement poursuivie et punie par la société que lorsqu'elle est la violation, non pas d'un devoir, mais d'un droit, d'un droit individuel ou collectif fondé, comme la société elle-même, sur la loi morale. A la rigueur, on pourrait se contenter de prononcer ici le nom du droit, sans autre désignation, mais il faut empêcher qu'on abrite sous ce nom sacré des priviléges surannés, des prétentions plus ou moins contraires au principe même de la justice, qui se résume pour la société dans l'égalité civile. Ainsi, quelques efforts que l'on fasse, il est impossible de se persuader que ce soit la violation d'un droit et par conséquent un délit, de mettre devant son nom je ne sais quelle particule, autrefois réservée à une caste dominante. Si l'on ne veut pas rétablir la caste elle-même — et il n'y a pas de puissance humaine qui le veuille ou le puisse — la distinction est complétement vaine. Ceux qui se plaisent à s'en faire une décoration sont les justiciables, non de la police correctionnelle, mais du tribunal de l'opinion; ils méritent d'être punis, non par l'emprisonnement et l'amende, mais par le ridicule.

Si une action n'est punissable ou ne mérite le nom de délit qu'à la condition d'être la violation d'un droit, il y a plusieurs classes d'actions défendues qui échappent nécessairement à la poursuite de la loi civile ou à l'empire de la pénalité. Au premier rang sont toutes les transgressions religieuses ou la violation de nos devoirs envers Dieu. Cette vérité, quoique méconnue pendant des siècles et outragée par les plus horribles institutions, est cependant d'une telle évidence, qu'il suffit qu'elle soit exprimée pour être démontrée. Il n'appartient pas à l'homme de se constituer le vengeur de la divinité; aucun pouvoir sur la terre n'a reçu une telle mission et n'est en état de l'accomplir. Les obligations que nous avons à remplir envers la divinité étant comprises d'autant de manières qu'il y a de cultes différents, il en résulterait, si la société devait les placer sous la protection de la loi pénale, un système de persécution et d'intolérance qui rendrait impossible toute liberté et anéantirait le droit dans son principe. Il faudrait poursuivre avec la plus épouvantable rigueur non-seulement les actes extérieurs, mais la pensée ; car, dans l'esprit d'un grand nombre de théologiens, l'hérésie, c'est-à-dire une certaine manière de penser, est le plus grand de tous les crimes. Mais s'il n'est pas permis à la société de venger par ses lois la majesté divine, il lui est permis, il est même de son devoir de poursuivre ceux qui outragent leurs concitoyens, ceux qui insultent leurs semblables dans les objets les plus chers de leur vénération, dans la foi qu'ils considèrent comme la sauvegarde de leur âme et le patrimoine spirituel de leurs ancêtres. En matière de religion, comme en matière de philosophie, il faut que tout puisse être examiné, contredit, discuté. C'est à ce prix que l'esprit humain se développe, que la liberté existe dans le domaine de la conscience et de la pensée, que la croyance elle-même s'épure et que chacun peut s'assurer de ce qu'il croit ou ne croit pas. Mais la discussion n'est pas l'outrage, le libre examen n'est pas le sarcasme et la dérision, passant par une pente irrésistible des idées aux personnes.

Au second rang des actions blâmables qui échappent à la loi pénale se trouve la violation des devoirs que nous avons à remplir envers nous-mêmes. Que nous manquions de respect et de sollicitude pour notre propre dignité ; que nous négligions les facultés que Dieu nous a accordées ; que nous croupissions dans l'ignorance, dans l'insouciance du lendemain, dans l'oisiveté, dans la débauche, dans tous les genres d'abaissement, nous sommes coupables sans doute; nous sommes coupables envers Dieu, dont nous méprisons les dons les plus précieux ; nous sommes coupables envers nous-mêmes, dont nous éteignons ou amoindrissons la vie par un lent suicide; nous sommes coupables même envers la société, qui, étant la réalisation de l'ordre moral, est autorisée à compter sur notre concours ; mais nous ne sommes coupables envers la société que d'une manière indirecte ou négative; elle n'a pas le droit de nous demander compte de ce que nous ne faisons pas pour elle ou de ce que nous faisons contre nous. Si, d'une part, la société pouvait rechercher, pour les punir, tous les actes contraires à la morale individuelle, à la morale absolue; si, d'une autre part, elle pouvait exiger de nous, par voie de contrainte, tous les services dont elle suppose que nous sommes capables, et non pas exclusivement ceux qui sont indispensables à sa conservation, l'ordre social ressemblerait très-fort au bagne combiné avec l'inquisition : au lieu de citoyens libres et responsables, il n'y aurait que des forçats.

Il y a même certains droits dont la violation échappe à toute pénalité, mais ce sont des droits d'une nature particulière ; il est impossible de ne pas les distinguer de ceux dont la défense se confond avec celle de la société elle-même. Qui pourrait nier que nous soyons obligés à la reconnaissance envers ceux qui nous ont fait du bien ? que nous soyons tenus au respect envers ceux qui sont arrivés irréprochables à la vieillesse, ou qui se sont signalés par de grands services rendus à leur pays, par de nobles actions, par des œuvres de talent ou de génie? que nous devions à nos semblables en général ces témoignages de bienveillance et de considération qui ne sont que la forme extérieure de la sociabilité humaine, le respect que l'homme se doit à lui-même dans la personne des autres? La reconnaissance, le respect, la politesse, nous pouvons y ajouter le dévouement, l'humanité, la pitié, sont donc pour les uns un devoir et pour les autres un droit. Cependant il n'y a qu'une législation tyrannique et pédante qui puisse s'aviser de punir l'ingratitude, la grossièreté des mœurs, à moins qu'elle n'aille jusqu'à l'outrage, l'égoïsme, la dureté, la sécheresse. Pourquoi cela? Parce que les droits dont nous parlons ne sont pas susceptibles d'une mesure déterminée et ne sont pas de nature à être exigées par la force. Où commence la reconnaissance et où finit l'ingratitude? Où finit la politesse et où commence la grossièreté? Où commencent, où finissent l'égoïsme, le dévouement, la pitié, la dureté? C'est ce que le sentiment nous apprend mieux que la raison. Mais le sentiment lui-même, chose variable et délicate, ne peut pas s'exprimer en articles de loi; d'ailleurs, la reconnaissance, le respect, la politesse, le dévouement, cessent de mériter leur nom, ils cessent d'exister dès qu'ils cessent d'être libres et spontanés. Ce sont les mœurs et non les lois qui doivent intervenir ici. J'ajouterai qu'indépendamment de leur nature indéfinie, les droits de cette espèce ont encore un autre caractère, qui suffirait seul pour les distinguer. Qu'ils soient respectés ou méconnus, ils ne changent pas l'état des personnes au profit desquelles ils existent ; ils n'ajoutent rien et ne retranchent rien à leurs facultés réelles, à leurs forces réelles, à celles qui leur sont nécessaires pour l'accomplissement de leurs devoirs. Hommes, citoyens, pères, époux, nous pouvons remplir les obligations que ces titres imposent, même si nous n'avons affaire qu'à des ingrats, à des égoïstes, à des cœurs impitoyables. Mais que l'on porte atteinte à notre liberté, à notre propriété, à notre sécurité, à notre honneur, aussitôt nous sommes réduits à l'impuissance ; la société cesse d'exister pour nous, puisqu'elle cesse de nous protéger ; elle cesse d'exister pour elle-même, puisqu'elle ne remplit plus sa destination. Que, dans un autre ordre de relations, un fils me refuse l'obéissance ou qu'il soit soustrait à mon autorité, je suis hors d'état de remplir mon devoir de père.

Il y a deux espèces de droits : ceux qui sont renfermés dans une mesure précise et qui sont exigibles par la force, parce qu'ils sont absolument nécessaires à l'accomplissement des devoirs auxquels ils correspondent ; ceux qui ne sont pas susceptibles d'une détermination précise, qui ne sont pas circonscrits dans des limites invariables et qui ne sont pas de nature à être exigés par la force, parce qu'ils ne sont pas indispensables à l'accomplissement de nos devoirs, soit particuliers, soit généraux. Ce sont les premiers seuls dont la violation consiste un délit. Les autres se trouvent sous la protection, non des lois, mais des mœurs, et il est dans l'intérêt des mœurs elles-mêmes qu'elles soient, autant que possible, libres de toute contrainte, qu'elles aient leur principe dans l'âme et non dans les institutions.

M. Rossi, dont il n'est pas permis, même quand il se trompe, de négliger les opinions, nous paraît être dans l'erreur quand il définit le délit « la violation d'un devoir au préjudice de la société ou des individus » (1). Sans aucun doute, la violation d'un droit est en même temps la violation d'un devoir envers nos semblables; car chacun de nos droits emporte pour les autres l'obligation de le respecter. Mais il y a des devoirs, même envers la société, qui ne remplissent pas cette condition et qui ne répondent pas strictement à un droit, à moins qu'on n'aime mieux admettre pour l'homme un principe d'action supérieur au devoir. Que ce soit par un principe ou par un autre, nous sommes tenus de consacrer à notre pays, à l'humanité en général, tout ce que nous avons de forces et d'intelligence. Est-il cependant permis de dire que celui qui ne s'élève pas à cette hauteur de la vie morale commet un délit, et par conséquent doit être puni par les lois? Il en est de même de certaines actions, de certaines vertus, que notre conscience nous commande à l'égard des individus, par exemple les œuvres de charité, le pardon des injures. Cependant peut-on soutenir que l'absence de ces vertus, bien qu'elle porte préjudice aux autres, soit un délit dans le sens juridique du mot, c'est-à-dire un fait qui appelle la poursuite et la répression de la justice?

(1) *Traité de droit pénal*, liv. II, chap. I.

M. Rossi cite, à l'appui de sa définition, la punition que
que les lois infligent aux actions qu'elles qualifient d'outrages aux mœurs, c'est-à-dire les outrages à la décence, à la pudeur publique ; il n'est pas question ici
des attentats contre la pudeur personnelle, car ceux-là
ont leur place marquée parmi les crimes les plus incontestables. L'homme qui a manqué à la décence, qui s'est
promené, par exemple, tout nu dans un lieu public, a
sans doute manqué, dit M. Rossi, à un devoir ; mais il
n'a méconnu aucun droit de ses semblables. Et cependant la loi qui le punit est juste ; elle existe chez tous
les peuples civilisés. Mais, répondrons-nous, cet homme
n'a pas seulement manqué à un devoir, il a violé un
droit, le droit qui appartient, au sein d'une association
humaine, à tout honnête homme de pouvoir sortir ac-
compagné de sa femme et de ses enfants sans blesser
leurs regards et sans compromettre leurs mœurs. L'objection de M. Rossi n'est donc pas fondée, elle ne détruit pas la règle que nous venons d'établir.

Maintenant, j'irai plus loin. La violation même d'un
de ces droits circonscrits dont nous venons de parler,
d'un de ces droits indispensables à l'accomplissement
des devoirs qui leur correspondent, ne suffit pas toujours, ne suffit pas seule pour constituer un délit ou
pour entrer dans les attributions de la loi pénale ; il
faut encore que la sanction pénale soit possible, qu'elle
soit efficace, qu'elle ne soit pas elle-même un mal moral aussi grand que le délit, qu'elle ne soit pas de nature à blesser les mœurs. Ainsi, une femme qui refuse-
rait à son mari l'accomplissement des fins du mariage,

échapperait à toutes les mesures de rigueur qu'on pourrait imaginer, parce que ces rigueurs seraient plus à craindre pour les mœurs que le délit lui-même, parce que la constatation seule de ce délit n'est pas possible sans les plus graves inconvénients. Je cite cet exemple parce qu'il n'est pas imaginaire, c'est un fait qui s'est présenté, il n'y a pas longtemps, devant les tribunaux, et en présence duquel la justice a été obligée d'avouer son impuissance. En effet, ni la dissolution du mariage, ni la séparation de corps (hélas ! elle n'existe que trop) ne peuvent être prononcées dans ce cas, car elles seraient prononcées à titre de sanction en faveur de la loi qui préside au mariage, et la sanction n'est admissible que si la violation a été régulièrement constatée.

En revanche, ce n'est pas seulement la condition physique, c'est la condition morale du mariage qui a été audacieusement violée, et c'est un acte de dol, de perfidie et de violence qui peut être publiquement prouvé, quand un misérable est entré dans une famille honnête, est entré comme un voleur par effraction dans la vie d'une jeune femme irréprochable, en cachant la honte de sa vie et l'infamie de sa position sociale, en se donnant pour un homme tout entier, pour une personne sociale qui jouit de tous ses droits, tandis qu'il n'est plus qu'un rebut de la société et le sujet dégradé de la haute police. Il n'y a pas de tribunal, si élevé qu'il soit, pas de plaidoirie, si éloquente qu'on la suppose, point de règle de jurisprudence, si autorisée qu'on la dise, qui puissent nous convaincre de la validité d'une telle union. Il serait malheureux que la législation civile du XIXe siècle trouvât ses pharisiens comme l'Ancien Testament; ce serait un immense dommage pour la probité et pour les mœurs qu'on prît dans un sens purement littéral la substitution de personnes reconnue par la loi comme un vice dirimant du mariage. Quoi! je puis résilier un contrat qui n'engage que mes intérêts les plus vils, quand ma bonne foi a été surprise, quand on a usé envers moi de mensonge et de fraude! Le cheval, la maison, le meuble qu'on m'a vendus, je puis les rendre quand ils ne sont pas ce qu'ils devaient être aux termes du contrat de vente, et je resterais enchaînée toute ma vie à un infâme que je méprise, qui ne s'appartient pas, à qui je ne puis obéir parce qu'il obéit lui-même aux ministres subalternes de la force publique; qui ne peut être ni le protecteur de sa femme, ni le tuteur de ses enfants, à moins d'une décision spéciale de sa famille; qui fait de mon foyer, de ma chambre, de mon lit, un séjour d'horreur, et que je ne puis accompagner au dehors sans partager sa honte! Et l'on appellerait cela respecter le lien conjugal! Non, c'est le déshonorer et le flétrir.

A Dieu ne plaise que je veuille interdire aux malheureux que la loi a frappés tout moyen de réhabilitation, tout retour dans le sein de la société, toute aptitude à contracter les devoirs purificateurs de la famille; mais il n'y a pas de famille sans mariage, il n'y a pas de mariage sans consentement mutuel, sans bonne foi, sans respect, sans confiance; il n'y a pas de mariage légitime fondé sur le mensonge, la fraude, le déshonneur imposé et non accepté, et la révolte intérieure qui en est la conséquence. Que la société ouvre ses bras, que des cœurs généreux se dévouent, je le veux bien, j'appelle ce résultat de mes vœux les plus ardents ; mais il faut que cet effort de charité soit volontaire ; il faut que la liberté et la bonne foi l'autorisent ; il ne faut pas que la chaîne du forçat soit transportée du bagne au foyer domestique.

CHAPITRE II.

DES DIFFÉRENTES ESPÈCES DE DÉLITS ; DE CERTAINS DÉLITS CONTROVERSÉS. — LE SUICIDE, LE DUEL.

La définition que nous avons donnée des délits en général ou des actions que la société est en droit de poursuivre, suffit au but que nous nous sommes proposé. Elle marque d'une manière précise la sphère où doit s'exercer la répression publique ou l'empire de la pénalité, et celle qui doit être abandonnée à la responsabilité individuelle sous le seul contrôle de l'opinion, sous la seule protection des mœurs. Il ne peut pas entrer dans notre dessein d'examiner séparément toutes les actions auxquelles cette définition est applicable, ni d'en dresser une liste graduée et comparative, pour déterminer ensuite les diverses peines dont elles sont passibles. Cette tâche est celle du législateur et non du philosophe. Une simple classification des délits, d'après les principes que nous avons adoptés, paraît d'abord plus digne de notre attention. Mais on voit que cette question a été parfaitement résolue dans le Code pénal fran-

çais et ne peut laisser de place à la discussion que sur
quelques points sans importance. Toutes les actions coupables que la loi est appelée à réprimer se répartissent,
en effet, entre deux classes: les attentats contre la société et les attentats contre les individus, ou pour rester fidèle aux expressions mêmes de notre code : les attentats contre la chose publique et les attentats contre
les particuliers. Les uns et les autres se partagent à leur
tour en délits contre les personnes, contre la personne
collective de l'État ou contre les personnes individuel-
les, contre les personnes publiques ou contre les personnes privées, et en délits contre les propriétés. De
sorte qu'on peut faire rentrer tous les délits possibles
sous les quatre dénominations suivantes: délits contre
la société entière ou contre les personnes publiques qui
la représentent ; délits contre les biens de la société ou
les propriétés publiques ; délits contre les personnes
privées ; délits contre les biens privés. Sans doute les
attentats dirigés contre les biens ou contre la propriété
sont en réalité des attentats contre les personnes; mais
comme ce n'est pas à la personne que le malfaiteur en
veut dans ce cas, ou, pour parler plus exactement,
comme il ne veut à la personne aucun mal, comme il
n'est animé contre elle par aucun sentiment de vengeance ou de haine, et que la cupidité est son seul mobile, la division consacrée reste inattaquable. Les attentats contre la propriété comprendront toutes les tentatives qu'on peut faire pour s'attribuer par la force, par
le vol, la fraude, la falsification, la totalité ou une partie de la fortune d'autrui, soit la fortune collective d'une

nation, d'une communauté quelconque, soit la fortune individuelle des particuliers. Par les attentats contre les personnes on entendra toute entreprise contre l'indépendance de l'État ou contre la vie des citoyens, tout acte de violence, toute atteinte portée à leur honneur, à leur sécurité, à leur liberté, à leur condition civile ou politique.

La question de la classification, aussi bien que celle de la nomenclature et de la gradation des délits étant écartée, il nous reste encore à apprécier le caractère d'un certain nombre d'actions sujettes à controverse, que les uns voudraient réprimer par les peines les plus sévères, que les autres déclarent en dehors des attributions légitimes de la loi pénale. Au nombre de ces actions, nous rencontrons le suicide, le duel, la diffamation, surtout celle qui s'attaque aux morts, et enfin l'usure, récemment devenue l'objet d'une intéressante discussion au sénat et dans la presse.

Le suicide, dans notre vieille législation, était puni par l'infamie, par l'outrage infligé aux restes du coupable et par la confiscation de ses biens. L'outrage lui était prodigué aussi par les lois de la Grèce, et la confiscation des biens était prononcée par les lois romaines ou du moins par la législation des empereurs romains. Platon ne se montre pas |moins sévère dans son *Dialogue des lois*, et sa voix a trouvé de l'écho chez un certain nombre de publicistes et de jurisconsultes modernes. Il nous est impossible d'être de leur avis.

Que le suicide soit en lui-même une action coupable, il est impossible d'en douter si l'on pense que la vie a un but, si l'on croit que l'existence de l'homme a plus de valeur que celle des êtres privés de raison et de liberté, qu'elle est subordonnée à une fin suprême, à l'accomplissement d'une loi inviolable qui subsiste au milieu de toutes les misères et de toutes les douleurs, à laquelle nous devons sacrifier nos intérêts, nos passions et jusqu'à notre désespoir. Mais comment faire du suicide un délit, c'est-à-dire une action qui tombe sous l'empire de la loi pénale ? D'abord le suicide est la violation d'un devoir envers nous-mêmes, et tout ce qui porte ce caractère échappe, comme nous l'avons dit, à la répression publique. Le suicide est aussi, à certains égards, la violation d'un devoir envers nos semblables ; il peut laisser dans le besoin ceux qui ont le droit de compter sur nous ; il peut laisser sans rémunération les services que la société nous a rendus en nous élevant, en nous protégeant, en nous appelant à la vie intellectuelle et morale. Mais quant aux obligations que nous avons à remplir envers les autres, excepté dans le cas où nous abandonnons, pleins de vie et de force, une femme, des enfants, dont nous étions le seul appui, elles sont de celles qui répondent à un droit indéterminé, ou dont l'accomplissement ne peut être exigé par la force. Elles rentrent dans le domaine de la reconnaissance, de la bienveillance, de la tendresse. Il en est de même du devoir qui nous restait à remplir envers la société en général. C'était un devoir de reconnaissance et non pas une dette rigoureuse, surtout si l'on se plaint que la société a été pour nous une marâtre. Il est bien permis de s'expatrier ; pourquoi serait-on plus coupable envers son pays quand on le quitte par une mort volontaire ? Voici enfin une dernière difficulté : tous les outrages qu'on prodigue au mort retombent sur les vivants. L'ignominie dont vous couvrez ces malheureux restes, elle atteint non-seulement ceux à qui ils sont chers, elle s'adresse en quelque sorte à la majesté même de la mort et tarit dans sa source un des sentiments les plus pieux, une des émotions les plus salutaires de l'âme humaine. La confiscation est pire encore que l'outrage, elle dépouille des innocents sous prétexte de punir un coupable qui n'est plus au pouvoir de la justice humaine. Ce n'est point par des mesures aussi odieuses, ce n'est point par les châtiments et par les lois, mais par les idées et par les sentiments, par les mœurs et par les croyances, qu'il faut combattre le suicide. Il est à remarquer, d'ailleurs, que le suicide est souvent un acte de folie ou le résultat de cette maladie de l'esprit que les Anglais désignent sous le nom de *spleen* et que nos médecins aliénistes appellent le dégoût de la vie, *tædium vitæ*. Or, qui oserait assurer que le malheureux qui a porté sur lui-même une main meurtrière, jouissait à ce moment de sa raison et de sa liberté ?

A Dieu ne plaise que je veuille décharger l'homme de la complète responsabilité d'un tel crime ; les faits qui nous y conduisent sont le plus souvent en notre pouvoir ; il dépend de nous de les éloigner ou de les appeler ; mais quand nous nous sommes laissé dominer par leur funeste influence, alors nous sommes leur esclave, notre intelligence est obscurcie, notre volonté est énervée, et nous tombons, instruments et victimes d'une force irrésistible.

La question du duel est beaucoup plus complexe et par conséquent plus difficile à résoudre. On a vu dans le duel tout à la fois une tentative de meurtre et une tentative de suicide. Ceux qui regardent le suicide, non-seulement comme une action moralement répréhensible, mais comme un délit, ceux-là ont dû croire que le duel était doublement criminel aux yeux de la société et de la loi. C'est à ce point de vue, sans doute, que se placèrent les Pères du concile de Trente, quand ils définirent le duel : « Un usage détestable, introduit par l'artifice du démon, pour amener la perte des âmes par la mort sanglante des corps. *Detestabilis duellorum usus, fabricante diabolo, introductus ut cruenta corporum morte animarum etiam perniciem lucretur* (1). » La même assemblée prononça contre les duellistes la peine de l'excommunication et ordonna que les corps de ceux qui auraient succombé pendant le combat fussent privés des honneurs de la sépulture chrétienne. C'était le châtiment infligé autrefois au suicide. Les moralistes et les philosophes, quand ils parlent du duel, ne le jugent guère autrement que les théologiens. A l'excommunication près, ils le condamnent avec la même sévérité. Les jurisconsultes, au moins ceux de notre temps et de notre pays, abandonnent le suicide, qui cesse de tomber sous l'action de la loi, pour ne s'occuper que du

---

(1) *Decretum de reformatione*, ch. XIX ; *Acta concilii Tridenti*, ann. 1562.

duel. Or, le duel, dans leur opinion, n'est pas autre chose qu'un meurtre ordinaire, un meurtre commis avec préméditation et guet-apens, disons le mot, un véritable assassinat, qui n'est point puni trop sévèrement par la peine capitale. Tel est du moins le sens de l'arrêt que la cour de cassation, le 22 juin 1837, a rendu sur le réquisitoire de M. le procureur général Dupin. Aux termes de cet arrêt, le duelliste tombe sous le coup des articles 295, 296, 297 et 302 du Code pénal. Ces articles se réduisent textuellement aux propositions suivantes : « L'homicide commis volontairement est qualifié meurtre. » — « Tout meurtre commis avec préméditation ou guet-apens est qualifié assassinat. — « Tout homme coupable d'assassinat sera puni de mort. »

· J'en demande pardon au concile de Trente, j'en demande pardon aux moralistes et aux philosophes, qui considèrent le duel d'une manière purement abstraite, sans tenir compte de ses origines et de son but ; j'en demande pardon surtout à notre haute cour de justice et à son éloquent procureur général ; il est impossible de voir dans le duel les deux crimes qu'on se plaît à y trouver : un suicide et un assassinat. Un suicide ! L'action qui porte habituellement ce nom procède d'une manière beaucoup plus simple et plus sûre. Celui qui veut se donner la mort ne va point provoquer un de ses semblables pour détourner sur lui les coups qu'il se réservait à lui-même, et consentir à vivre dans le cas où il aurait blessé mortellement son adversaire. Il se tue par les moyens qu'il juge les plus efficaces ou qui lui inspirent le moins d'horreur. Au lieu de chercher des témoins, il les fuit avec précaution, afin que personne ne puisse l'arrêter dans l'accomplissement de son dessein. Un assassinat! Cela est plus difficile encore à découvrir dans le duel. « Un assassinat, dit le Code pénal, est un meurtre commis avec préméditation ou guet-apens. » Où est la préméditation de tuer chez un homme qui est aussi résolu à recevoir la mort qu'à la donner, qui se tient pour aussi satisfait dans un cas que dans l'autre, et dont le fer est tout prêt à s'abaisser quand les témoins lui auront crié : « L'honneur est satisfait. » Où est le guet-apens chez ce prétendu meurtrier, qui prend des témoins, qui exige que son adversaire ait les siens, qui ne veut prendre le fer en main que devant quatre hommes d'honneur, en se découvrant la poitrine au même degré que sa prétendue victime, et qui se regarderait comme infâme s'il s'écartait de certaines règles de loyauté et de bravoure consacrées par l'usage? Il a fallu certainement beaucoup d'esprit pour reconnaître dans le duel ce double caractère. Mais tout l'esprit du monde ne peut rien contre l'évidence, contre le bon sens, contre la conscience publique. L'arrêt de 1837 a laissé le duel impuni comme auparavant. Toutes les fois qu'un duelliste était traduit devant le jury, l'impunité lui était assurée d'avance, parce que le jury, livré à sa conscience et ne comprenant rien, heureusement, aux subtilités de M. le procureur général, ne pouvait se résoudre à voir un assassinat dans un acte que la loi pénale laissait complétement impuni, et auquel, dans certains cas, applaudissaient hautement les âmes les plus délicates et les plus honnêtes. Nous allons plus loin. Si jamais un duelliste avait été condamné à mort sous l'empire de cette jurisprudence, un cri d'indignation et d'horreur se serait élevé de tous les points de notre pays, et la cour de cassation elle-même, je le dis à son honneur, pour lui rendre hommage, la cour de cassation, son procureur général en tête, aurait reculé d'épouvante. Ce système paraît aujourd'hui complétement abandonné. On renonce au jury pour réprimer le duel, et l'on a le projet de s'adresser aux tribunaux correctionnels. Le duelliste sera poursuivi, non plus comme assassin, mais comme auteur volontaire de coups et de blessures. La répression sera peut-être plus sûre, surtout si l'on poursuit rigoureusement les témoins; mais elle ne sera pas plus équitable; car le duel, quoi qu'on fasse, ne se confond pas avec un autre délit, il ne rentre pas dans le droit commun. Ou il faut le laisser impuni, comme il l'a été depuis 1789 jusqu'en 1837, ou il faut le poursuivre en vertu d'une loi spéciale, comme faisait l'ancienne monarchie française.

C'est qu'en effet le duel est un fait *sui generis*. C'est l'état de guerre conservé au sein de la société; c'est la guerre privée qui se substitue à la répression publique pour venger un outrage en présence duquel la société paraît impuissante ou indifférente et les lois désarmées. Or, que cherche-t-on à la guerre? un suicide ou un assassinat? Non, mais la victoire ou une mort honorable; on veut vaincre ou mourir, et cela en obéissant à des règles d'honneur qui tiennent ici la même place que le droit international dans les guerres publiques. Les guerres privées ont été nécessaires dans le moyen âge, quand le gouvernement était impuissant à protéger la société ; elles finirent par entrer dans le droit public des nations chrétiennes, et elles se poursuivaient avec l'autorisation du roi, pourvu que les belligérants appartinssent à la classe privilégiée. Le duel est un reste de ces guerres privées, et, pendant longtemps, il était soumis aux mêmes lois et renfermé dans la même sphère. Lorsque plus tard, c'est-à-dire vers la fin du xvie siècle, on en vit les dangers et l'obstacle qu'il opposait à l'organisation de l'ordre social, on en demanda la répression par les moyens les plus sévères. Mais en même temps on demanda la répression des injures particulières que la loi jusque-là avait laissées impunies. Toutes les lois qui ont été faites en France contre ou plutôt sur le duel, depuis l'ordonnance de 1566 rendue par Charles IX, jusqu'à celle de 1723 publiée sous le règne de Louis XV, poursuivent ce double but : interdire le duel sous les peines les plus effrayantes, le punir de la confiscation et du dernier supplice comme les crimes de lèse-majesté, condamner les duellistes roturiers à la potence, et placer en même temps l'honneur des particules sous la sauvegarde des lois ou d'une cour d'honneur composée des maréchaux de France. Parmi les lois dont nous parlons, les plus célèbres sont : l'édit de 1609, rendu par Henri IV ; l'ordonnance de 1623, rendue par Louis XIII ; l'édit de 1626, publié par Richelieu ; l'édit de 1651, émané de Louis XIV ; le grand édit de 1679, qui renferme toute une législation sur le duel ; enfin l'édit de 1723, qui est le dernier de cette nature.

Toutes ces lois ont été impuissantes. Le duel, resté

dans les mœurs en dépit des exécutions les plus sanglantes, auxquelles succédait par intervalle la plus extrême indulgence, n'a reculé que devant la puissance de l'opinion et le principe de l'égalité civile. C'est à l'opinion que s'en remettent, pour le réprimer, nos assemblées révolutionnaires et le Code pénal de 1810 aussi bien que celui de 1791. En gardant le silence sur un délit que les anciennes lois poursuivaient avec tant de rigueur, ils n'ont voulu ni l'absoudre ni le faire rentrer dans le droit commun ; ils ont voulu l'abandonner à la puissance de l'opinion. Le rapport de Monseignat, conçu dans les mêmes termes que le réquisitoire de M. Dupin, n'est pas une autorité suffisante pour établir le contraire. C'est en vain que, sous la Restauration, on a demandé contre le duel des lois spéciales ; cette tentative est toujours restée sans effet, et nous venons de voir que dans la pratique, la jurisprudence de la cour de cassation n'a pas été plus heureuse : c'est que les tribunaux, aussi bien que les lois, sont impuissants contre l'opinion et contre les mœurs, et l'opinion, quand elle persiste avec cette ténacité, doit avoir quelque chose de juste et de vrai. En est-il ainsi dans le cas présent ?

Assurément, c'est un délit de substituer à l'action régulière de la société par les lois ce jeu de la force et du hasard qu'on appelle la guerre ; c'est un mal que la société ne doit pas souffrir, puisque c'est, dans une limite déterminée, la destruction de l'ordre social ; c'est un acte de rébellion et de folie dont la raison, aussi bien que la conscience, conseille à l'individu de s'abstenir, puisque la guerre n'est pas la justice et que la fortune de la guerre se décide aussi bien pour le coupable que pour l'innocent. Mais en dépit de ses injustices et de ses hasards, la guerre est cependant le seul moyen que possèdent les nations pour défendre leur honneur et leur indépendance quand toutes les voies de la persuasion et de la conciliation sont épuisées. Ne peut-il jamais arriver qu'il en soit de même pour les individus au sein même des sociétés les plus civilisées? Par les termes dans lesquels la question est posée, se trouvent écartées d'abord toutes ces injures frivoles qui ne touchent ni au fond de notre vie ni aux conditions véritables de notre dignité, et qui sont d'ailleurs suffisamment réprimées par la loi. Que dans un lieu public, ou dans un salon, un homme sans aveu ou un ferrailleur, un étourdi, me reproche de manquer de bravoure, suis-je obligé, moi, père de famille, moi, homme utile et considéré, voué à un art, à une science, à une industrie par lesquels je paye ma dette à la société, suis-je obligé de risquer ma vie contre celle de ce misérable ou de ce fat? Suis-je obligé de peser mon existence à la même balance que la sienne? Ce n'est pas seulement une folie, c'est un crime de le penser. La police correctionnelle n'a pas été instituée en vain; c'est bien le moins qu'elle donne un peu de fixité aux cervelles vides et qu'elle contienne dans une orbite raisonnable ces toupies errantes qui vont se heurter aux jambes des passants. Mais toutes les insultes dont un honnête homme peut être atteint ne sont pas de cette nature, et la loi n'est pas toujours suffisamment armée pour le venger. Quelquefois même la satisfaction que lui accordent la justice et la loi ne fait qu'ajouter à sa honte. Un infâme suborneur s'est introduit à mon foyer sous le voile de l'amitié ; il a pris son temps pour dresser ses piéges ; il a mis des mois et peut-être des années pour comploter la ruine de mon bonheur, pour renverser l'œuvre de ma vie, pour empoisonner mes plus chères et mes plus saintes affections. Il a corrompu ou ma femme, ou ma fille, ou ma sœur. Que voulez-vous que je fasse ? Que j'en appelle à la justice ? S'il s'agit de ma fille ou de ma sœur, la justice se rira de mes plaintes, à moins que les victimes ne soient pas encore sorties de l'enfance et qu'il ne s'agisse d'un de ces crimes qui peuplent le bagne. S'il s'agit de ma femme, la justice, ainsi que l'exige son plus impérieux devoir, voudra des preuves, des preuves positives, matérielles, devenues publiques par cela même qu'elles lui ont été fournies. Et alors savez-vous ce que je puis attendre de sa protection? Elle infligera à l'auteur de mon désespoir trois mois, peut-être six mois de prison, qui lui serviront de recommandation pour de nouvelles conquêtes. Elle me livrera moi-même à la dérision, autant dire à l'infamie; elle flétrira une mère aux yeux de ses enfants. Oh ! non, cette justice ne répond pas à l'offense que j'ai reçue, elle est illusoire; la société impuissante m'abandonne, et si je ne veux pas me souiller d'un assassinat ou d'un lâche suicide, il ne me reste que la guerre, c'est-à-dire le duel.

Aux moralistes qui voudront m'en faire un crime, je répondrai que c'est la morale elle-même que je défends dans ce cas; que c'est la société elle-même que je prends sous ma protection avec mon propre honneur, car si les lâches corrupteurs de la famille sont avertis d'avance, par mon exemple, que leurs attentats pourront trouver un vengeur, ils se tiendront sur leurs gardes. D'un autre côté, si une femme, prête à succomber à la séduction, se représente qu'elle peut causer la mort de deux hommes, dont l'un possède son amour, dont l'autre lui commande le respect ou l'estime, cette pensée seule la retiendra sur le bord de l'abîme.

Le duel n'est donc pas toujours aussi criminel qu'on le prétend ; il offre quelquefois un utile supplément à l'action de la loi, il vient au secours de la société et de la famille défaillante.

Je crois cependant qu'il appelle une répression, mais une répression confiée à une loi spéciale, et qui sera d'autant plus efficace qu'elle sera plus modérée. L'exécution de cette loi réclame nécessairement l'intervention du jury, parce qu'elle relève de l'opinion et des mœurs autant que de la justice, et le jury, outre la question des circonstances atténuantes, devra, dans cette matière, être appelé à se prononcer sur une question nouvelle, la question d'excusabilité. L'excusabilité, si elle est reconnue, équivaudra à l'absolution. C'est à cette condition seulement que la loi et les mœurs, que la justice et l'opinion cesseront d'être en contradiction l'une avec l'autre.

CHAPITRE III.

SUITE DES DÉLITS CONTROVERSÉS. — LA DIFFAMATION CONTRE LES MORTS.

Parmi les délits controversés j'ai compté, outre le suicide et le duel, la diffamation, surtout la diffamation envers les morts. C'est cette action que nous allons essayer de juger, au point de vue du droit pénal. On se rappelle qu'elle a donné lieu, il n'y a pas longtemps, à un procès célèbre qui s'est dénoué en cour de cassation par un arrêt justement remarqué. Je veux parler du procès qui a été intenté à M. l'évêque d'Orléans, à l'occasion d'une brochure publiée sur un de ses prédécesseurs. Je n'ai pas besoin de dire que nous laisserons de côté les faits particuliers pour nous occuper uniquement de la question de principe, de la question de philosophie et de droit.

Afin de donner à la discussion une base positive et des limites précises, je rappellerai sommairement quel est l'état actuel de la législation sur cette délicate matière. Le Code pénal de 1810 ne punit pas la diffamation, mais la calomnie, et il appelle calomnie l'imputation en public de faits « qui, s'ils existaient, exposeraient celui contre lequel ils sont articulés à des poursuites criminelles ou correctionnelles, ou même l'exposeraient seulement au mépris et à la haine des citoyens. » Ce sont les termes mêmes de l'article 367 du Code que je viens de citer. On voit que le législateur de 1810 suppose que les faits allégués contre un de nos concitoyens, dans l'intention de lui nuire dans l'opinion publique, sont faux, ce qui est le caractère propre de la calomnie. Mais les conditions dans lesquelles il présume la fausseté sont tellement larges, que dans la calomnie comme il l'entend se trouve nécessairement comprise la diffamation. En effet, « est réputée fausse, aux termes du Code pénal (art. 368), toute imputation à l'appui de laquelle la preuve légale n'est point rapportée. » Or, qu'est-ce qui constitue la preuve légale ? Ce n'est point la notoriété publique, ce n'est pas non plus la preuve par témoins ou par des documents imprimés et non contredits, acceptés en quelque sorte par l'opinion : la preuve légale du fait imputé, c'est celle qui résulte d'un jugement ou de tout autre acte authentique (art. 370, § 2). Les peines infligées à la calomnie, ainsi comprises, sont assez sévères : de deux à cinq ans d'emprisonnement, plus une amende de 200 à 5000 francs pour les imputations les plus graves ; un mois à six mois d'emprisonnement, avec une amende de 50 à 2000 francs pour des imputations plus légères. Dans les deux cas, interdiction, pendant cinq ans au moins et pendant dix ans au plus, des droits mentionnés dans l'article 21 du Code pénal, c'est-à-dire de tous les droits politiques et de la plupart des droits civils.

Les défauts de ces dispositions ne sont pas difficiles à apercevoir ; elles manquent de clarté ou de franchise en confondant sous le même nom deux délits bien différents : l'allégation de faits notoirement faux, c'est-à-dire la calomnie proprement dite, et l'allégation de faits vrais ou qui peuvent être prouvés, mais dont la loi n'admet pas la preuve, la simple diffamation. Elles manquent de justice en punissant de la même manière ces deux sortes de délits, dont le premier est beaucoup plus grave que le second. En vain la loi impose-t-elle le nom de calomnie à un fait parfaitement avéré, qu'on peut constater contradictoirement et par témoins, mais qui n'a pas été l'objet d'un jugement parce qu'il n'a pas été poursuivi ; la calomnie n'y a cependant aucune part, et la punition qui lui est réservée, par suite de cette définition arbitraire, ne peut se justifier en aucune manière; elle manque à la proportion qui doit exister entre le délit et la peine. Enfin, à l'arbitraire et à l'injustice, les articles du Code pénal dont nous parlons joignent l'inconséquence : car, d'une part, ils punissent la diffamation aussi sévèrement que la calomnie, et d'autre part ils la déclarent complétement innocente. En effet, les allégations diffamatoires qu'on a prouvées par jugement ou par acte authentique, ne sont pas moins diffamatoires que celles dont on pourrait faire la preuve par témoins, ou qui sont avérées pour l'opinion publique, sans avoir été encore l'objet d'une condamnation judiciaire. Comment s'expliquer alors la sévérité de la loi dans le premier cas, et son indulgence dans le second ? J'irai plus loin : celui qui exhume de l'oubli une faute qui a déjà été expiée est plus coupable, au fond, que celui qui livre au mépris une action malhonnête dont la conscience publique indignée n'a encore obtenu aucune satisfaction. C'est une atteinte plus grave à l'ordre moral et aux intérêts de la société, de replonger dans l'infamie un homme qui, après avoir payé sa dette à la justice, est parvenu, à force de courage et de persévérance, à réhabiliter son nom et à reconquérir son rang parmi ses concitoyens, que de soulever l'opinion contre l'hypocrite qui la trompe, ou d'infliger la peine morale du déshonneur au malfaiteur habile qui a su éviter les châtiments matériels de la loi.

Ces vices capitaux n'ont pas tardé à se révéler dans la pratique; aussi, tous les articles du Code pénal qui se rapportent à la calomnie (ils sont au nombre de dix, depuis l'art. 367 jusqu'à l'art. 377 inclusivement) ont-ils été abrogés par la loi du 17 mai 1819, et remplacés par des dispositions tout à fait nouvelles. La loi du 17 mai 1819 ne parle plus de calomnie, mais de diffamation ; car en frappant celle-ci elle était sûre d'atteindre la première. Elle appelle diffamation « toute allégation ou imputation d'un fait qui porte atteinte à l'honneur ou à la considération de la personne ou du corps auquel le fait est imputé » (ch. v, art. 13). L'expression outrageante qui ne renferme l'imputation d'aucun fait est une injure. Les peines de la diffamation varient tout à la fois suivant la gravité du délit et suivant la position des personnes contre lesquelles il a été commis. Dirigée, à raison de leurs fonctions, contre les dépositaires et les agents de l'autorité publique ou ses représentants au dehors, c'est-à-dire les ambassadeurs et les ministres plénipotentiaires, elle est punie, soit cumulativement, soit séparément, de dix-huit jours à dix-huit mois d'emprisonnement, et de 50 à 3000 francs d'amende. Dirigée

contre les particuliers, elle est passible d'un emprisonnement de cinq jours à un an, et d'une amende de 25 à
200 francs. Ici, comme dans le cas précédent, l'amende
et la prison peuvent être infligées séparément.

Cette loi a d'immenses avantages sur les articles du
Code pénal auxquels elle s'est substituée : elle est plus
claire, car elle ne confond plus sous un même nom deux
choses distinctes ; elle est plus juste, car elle ne punit
pas de la même peine deux actions inégalement coupables, et ne déclare pas innocent dans un cas ce qu'elle
punit dans un autre ; elle est plus répressive, car elle
ne garantit pas l'impunité à une action aussi dangereuse et aussi répréhensible que celle qui consiste à
évoquer juridiquement le souvenir d'une faute déjà expiée et à faire renaître, pour ainsi dire, par acte authentique, un déshonneur peut-être effacé. Enfin, en même
temps qu'elle est plus répressive, elle est plus modérée
dans les moyens de répression. Cependant elle a aussi
un vice capital. Rendue sous un gouvernement constitutionnel, qui consacrait la liberté de la presse et qui
rendait tous les agents de l'autorité publique justiciables de l'opinion, elle n'était pas d'accord avec un des
principes les plus importants des institutions nouvelles.
En mettant les hauts fonctionnaires de l'État à l'abri de
la diffamation, non-seulement pour les actes de leur vie
privée, ce qui est strictement dans leur droit, mais pour
les faits qui se rapportent à leur vie publique, elle assu-
rait par là même l'impunité à tous les abus de pouvoir,
elle enlevait à la presse et à l'opinion publique tous
leurs moyens de résistance. Comment distinguer, en

effet, aux termes de la loi dont nous parlons, entre la diffamation et la dénonciation des abus d'autorité, entre la diffamation et la publicité donnée à des actes qui peuvent éclairer les citoyens d'un pays libre sur le choix de leurs représentants? Cette lacune a été comblée par une autre loi adoptée par les chambres dans la même année. Je veux parler de la loi du 26 mai 1819, dont l'article 20 est ainsi conçu : « Nul ne sera admis à prouver la vérité des faits diffamatoires, si ce n'est dans le cas d'imputation contre les dépositaires ou agents de l'autorité ou contre toutes personnes ayant agi dans un caractère public, de faits relatifs à leurs fonctions. Dans ce cas, les faits pourront être prouvés par-devant la cour d'assises par toutes les voies ordinaires, sauf la preuve contraire par les mêmes voies. » La conséquence de cet article de loi se présente d'elle-même à l'esprit; mais le législateur, avec une prudence dont il manque trop souvent, a mieux aimé l'exprimer, convaincu que les garanties de la liberté ne sauraient être livrées à la merci des subtilités du palais. Le texte que nous venons de citer est donc suivi de ces mots : « La preuve des faits imputés met l'auteur de l'imputation à l'abri de toute peine.

C'était une grande conquête pour la raison, pour la justice, pour la liberté, pour les progrès de la vie publique, que cette exception au droit commun en matière de diffamation, que cette consécration du tribunal de l'opinion et des franchises indispensables de la presse. Mais, hélas! cette conquête nous ne l'avons pas gardée. De rudes nécessités, conséquences de nos fautes, sont venues peser sur la France. Le voile qui l'avait déjà couverte tant de fois s'est abaissé de nouveau sur la statue de la liberté. Le décret du 17 février 1852, décret qui a force de loi et qui depuis dix ans régit la presse, déclare (art. 28) qu'en aucun cas la preuve par témoins ne sera admise pour établir la réalité des faits injurieux ou diffamatoires. Et remarquez bien qu'il ne s'agit plus de la cour d'assises et des libres appréciations du jury, mais du tribunal de police correctionnelle, désormais arbitre unique, sans appel, des délits commis par la voie de la presse. Je me trompe : il y a aussi le droit d'avertissement et de suppression accordé aux ministres, c'est-à-dire à ceux-là mêmes contre lesquels il était permis autrefois de faire la preuve des faits diffamatoires. Heureusement, nous avons la promesse que cette situation n'est que transitoire, et que la liberté sera le couronnement du nouvel édifice politique.

L'article 28 du décret du 17 février 1852 laissait subsister au moins la liberté de l'histoire, une liberté indispensable aux lettres, celle qui consiste à juger les morts. Elle a été supprimée à son tour, non point par une loi, mais par un arrêt de la cour de cassation en vertu duquel l'honneur des morts serait la propriété des vivants et pourrait être défendu de la même manière, aux termes des mêmes lois et du même décret. Tout ce qu'on alléguerait contre les morts et que les vivants, même si la vérité est respectée, trouveraient injurieux à leur mémoire, pourrait être poursuivi à titre de diffamation, sans que la preuve des faits fût admise.

Maintenant que nous connaissons la législation en vigueur et les vicissitudes par lesquelles elle a passé, il nous sera plus facile de nous faire une idée de celle qui devrait et qui pourrait exister dans l'avenir, de celle qui répondrait le mieux aux saines notions de droit et aux véritables intérêts de la société.

Il faut d'abord effacer de la loi pénale le nom de la calomnie. Sans aucun doute, la calomnie est un crime ; elle est souvent de tous les crimes le plus lâche et le plus odieux, sans en excepter l'assassinat ; car l'assassinat nous prive seulement de la vie, tandis que la calomnie peut nous ôter l'honneur. Mais si la calomnie était poursuivie à ce seul titre que les faits allégués sont faux, il faudrait que le calomniateur fût mis en demeure d'administrer la preuve de ses allégations, et alors il aurait le droit de fouiller dans la vie privée de sa victime, il aurait le droit de l'effrayer et de lui rendre la vie amère, de la souiller dans l'opinion par le seul appareil de ses recherches, par la seule menace des témoignages qu'il réunirait contre elle. Supposez qu'il s'agisse de ce qu'il y a de plus délicat et de plus fragile au monde, de l'honneur d'une femme, d'une jeune fille : on imagine facilement combien il est périlleux dans ce cas de mettre le calomniateur en demeure de prouver son dire. Si vous lui ôtez cette faculté, vous pouvez le condamner à un autre titre ; mais vous n'avez pas le droit de lui infliger les peines exclusivement réservées à la calomnie. Si, au contraire, cette faculté lui est accordée, il faut que vous laissiez impunie et que vous déclariez innocente la diffamation ; à moins de retomber dans la faute du Code pénal et de punir la diffamation comme la calomnie, tout en justifiant l'une et en incriminant l'autre.

La diffamation seule doit donc être poursuivie, parce que seule elle est susceptible d'une répression utile et efficace. La diffamation est-elle donc un délit ? La diffamation n'est-elle pas l'expression de la vérité, et la vérité peut-elle être l'objet de la sévérité des lois ? Oui, sans doute, la diffamation est l'expression de la vérité, mais d'une vérité qui ne nous appartient pas. La vie privée d'un homme n'appartient qu'à lui ; « la vie privée, comme l'a dit si justement Royer-Collard, doit être murée. » Ce que nous en savons peut être considéré comme un secret dont nous nous sommes emparés par surprise. De quel droit irions-nous le divulguer quand nous savons qu'il doit être payé de l'honneur et de la paix de celui-là même à qui nous l'avons dérobé ? L'honneur est une propriété morale à laquelle il est aussi criminel au moins de porter atteinte qu'à la propriété matérielle. Mais cette propriété est mal acquise, direz-vous ; que vous importe ? qui vous a établi juge de l'honneur et de la considération d'autrui ? qui vous a autorisé à les détruire dès que vous ne leur trouvez pas de titres suffisants ? Est-ce que vous irez, de votre autorité privée, enlever à un homme sa maison, son champ, tous ses biens, parce que vous ne croyez pas qu'ils soient le fruit d'un labeur honnête ? Si même, je le répète, les faits que vous publiez à la honte de votre prochain, ont été constatés par un jugement, il ne vous appartient pas de lui enlever le fruit de son repentir et des efforts qui l'ont ramené dans les voies régulières de la société ; il ne vous est pas permis de détruire cette œuvre si laborieusement construite, ce capital si péniblement amassé, pour le replonger dans l'abîme où il s'est trouvé le jour du naufrage. La loi a raison de punir une telle action; car elle n'est pas seulement une injustice et une lâcheté, c'est un vol dont la société souffre autant que la personne spoliée.

Mais ce qui est vrai de la vie privée ne l'est pas de la vie publique. La vie publique de celui qui est chargé, dans une mesure quelconque, des intérêts de l'État, de celui qui participe, n'importe à quel degré et sous quel titre, à l'exercice du pouvoir, appartient à la société, est placée sous le contrôle de l'opinion; autrement, la société et l'État seraient la propriété de ceux qui l'administrent, le gouvernent et le représentent soit au dedans, soit au dehors. La conséquence de ce principe, c'est qu'il est non-seulement permis, mais méritoire, de dénoncer toute action qui peut paraître une dérogation à la loi et un abus d'autorité. L'action dénoncée a-t-elle été réellement commise et présente-elle le caractère d'illégalité qu'on lui attribue? Voilà la seule question à résoudre. Si elle est résolue négativement, il est juste que le fonctionnaire public soit vengé, ou, pour mieux dire, qu'il soit rétabli dans son honneur. Si, au contraire, elle ne donne lieu à aucun doute, et si l'illégalité est flagrante, le tribunal, devant lequel s'est pourvue la prétendue victime de cette dénonciation, devra des éloges au citoyen courageux qui a défendu les libertés publiques. Sans le droit d'attaquer publiquement des actes publics soupçonnés d'être contraires à l'ordre légal ou simplement à l'indépendance et aux vertus publiques qu'on a le droit d'attendre des élus d'une nation libre, il n'y a pas d'élection véritablement éclairée, il n'y a pas de garantie assurée à la loyauté des candidatures et à la liberté des suffrages. Je dirai plus: c'est grâce à ce droit que le mandataire soupçonné d'infidélité à son mandat, que le fonctionnaire soupçonné de malversation ou d'arbitraire, trouveront le moyen de se justifier; car ce n'est pas se justifier que d'obtenir contre ses adversaires, de la part d'un tribunal, la déclaration suivante: « Vous avez parlé quand la loi vous ordonnait de vous taire ; vous avez produit au grand jour ce qu'elle veut laisser dans l'ombre; je vous condamne. » Cette condamnation n'est pas la réhabilitation de celui qui l'a provoquée, elle n'est que l'immunité du silence.

On dira peut-être que la conduite des dépositaires du pouvoir est placée sous le regard des représentants du pays ; mais, outre que les représentants du pays ne peuvent pas tout savoir, on ne manquerait pas de répondre à celui qui revendiquerait pour eux cette espèce de magistrature politique, que, renfermés dans leurs attributions législatives, ils n'ont pas le droit de s'immiscer dans les actes de l'administration. Puis les représentants eux-mêmes, en leur qualité de dépositaires des plus chers intérêts de la société, doivent être justiciables de l'opinion publique.

A plus forte raison, sera-t-il permis de divulguer, à la charge d'en faire la preuve, les actions et même les paroles des morts qui ont joué un rôle, quel qu'il soit, capable d'intéresser la postérité et l'histoire. Qu'on défende de produire au grand jour des faits plus ou moins honteux pris dans la vie d'un homme obscur, qui n'est jamais sorti de la vie privée, et cela dans le seul but de déshonorer une famille, de faire injure à un vivant, rien de plus juste. Mais que la loi ou la justice interdise de juger et de faire connaître ceux qui ont disparu de ce monde après avoir pris une part à la vie publique, après après avoir joué un rôle parmi leurs concitoyens ou leurs contemporains, après avoir occupé une place dans les lettres, dans les sciences, dans les arts, c'est une pré· tention qui ne peut se soutenir; car elle a pour consé· quence la suppression de l'histoire ou tout au moins de cette partie de l'histoire sans laquelle nous ne possé· dons que des faits bruts, dépourvus de la lumière mo· rale qui les éclaire et qui en fait jaillir des leçons pro· fitables à la conscience humaine. Quoi! il ne serait pas permis de dévoiler les crimes et les turpitudes d'un Lau· bardemont, d'un cardinal Dubois, d'un Alexandre VI, d'un César Borgia, d'un Marat, d'un Robespierre, d'un Fouquier-Tinville? Il ne serait pas permis de faire con· naître les faiblesses qui se sont mêlées quelquefois à la vie des plus grands hommes, des fautes qui ont été com· mises par les plus grandes intelligences, afin de nous mettre à l'abri de l'orgueil et de la séduction des gran· deurs? Il ne serait pas permis de livrer à l'horreur et à l'épouvante du genre humain la dégradation où conduit ceux-là mêmes qui l'exercent, le despotisme sans frein, comme a fait Suétone pour la vie des douze Césars? Il ne serait pas permis de fouiller dans la vie privée d'une Catherine II, d'un Pierre le Grand, d'un Pierre III, d'un

Paul Ier, pour montrer que, malgré la différence des temps, des civilisations, des religions, la même cause, à seize ou dix-huit siècles de distance, a produit les mêmes effets? Mais ce serait étouffer la voix de la conscience et du tribunal suprême de la justice, de la vraie cour de cassation, à savoir l'histoire! Ce serait condamner l'humanité à errer sans fin dans le cercle des mêmes fautes, des mêmes erreurs, des mêmes hontes. Que les intéressés aient le droit de réclamer contre le mensonge et les calomnies, que l'historien et le biographe soient forcés de prouver ce qu'ils avancent, rien de mieux ; mais il est impossible de sacrifier à la convenance des individus et des familles les droits de la vérité et les intérêts les plus chers du genre humain.

CHAPITRE IV.

SUITE DES DÉLITS CONTROVERSÉS. — L'USURE.

Mon intention n'est pas d'épuiser la liste des délits controversables, dont un examen trop détaillé pourrait dégénérer facilement en une casuistique du droit pénal ; cependant, il en est encore un sur lequel il m'est impossible de garder le silence, non pas tant parce qu'il a été récemment l'objet d'une discussion mémorable au sein d'une de nos assemblées politiques, que parce qu'il tient depuis un demi-siècle la conscience publique comme en suspens entre deux opinions contraires : celle des légistes et celle des économistes. C'est de l'usure que je veux parler.

Aux termes de la législation qui nous régit aujourd'hui, on appelle usure tout prêt d'argent dont on perçoit un intérêt supérieur à celui qui a été fixé par la loi. La loi ayant fixé le taux de l'intérêt, il est de toute évidence que dépasser ce taux c'est se mettre en révolte contre la loi et commettre un délit; aussi n'est-ce point là qu'est le débat. Il s'agit de savoir si l'État et la loi n'outre-passent point leurs attributions quand ils fixent le taux de l'intérêt, et par conséquent si le prêt à intérêt ne doit pas être un contrat entièrement libre, comme le contrat d'achat et de vente, comme le contrat de louage, comme toutes les conventions privées où le prix des choses est réglé par le rapport ordinaire de l'offre et de la demande, sauf la répression des abus de confiance, des manœuvres frauduleuses et contraires à la bonne foi. La question ainsi posée n'existe pas seulement depuis la fin du dernier siècle entre la science de la législation et l'économie politique, elle remonte à la plus haute antiquité; elle a partagé en deux camps les politiques et les philosophes, puis elle a rangé d'un côté les philosophes et les théologiens, de l'autre les politiques et les légistes. Avant de chercher à la résoudre, je crois nécessaire d'en retracer sommairement l'histoire.

Le prêt à intérêt, ordinairement sans limites déterminées par la loi, conséquemment sans distinction entre le prêt légal et le prêt usuraire, était autorisé, était pratiqué chez toutes les nations de l'antiquité, chez les Gaulois, chez les Grecs, chez les Romains, et, nous avons bien le droit de le supposer d'après la réputation de cupidité qui leur est faite par les historiens et les poëtes, chez les Phéniciens et les Carthaginois. Les Gaulois, si nous en croyons César, plaçaient les opérations de ce genre sous la protection de Mercure. Les Grecs prêtaient habituellement leur argent à 18 pour 100, et s'ils descendaient quelquefois à 12, ils montaient aussi jusqu'à 48 ; 36 pour 100 était le prix ordinaire des banquiers. C'est des Grecs que nous vient l'usage de compter les intérêts à raison de 100 pour le capital ; car la mine se divisait en 100 drachmes. Les Athéniens pratiquaient surtout l'usure maritime, parce qu'en raison de l'état florissant de leur marine, c'était de beaucoup la plus profitable. Chez les Romains, l'usure était une plaie sociale que la loi s'efforçait en vain de contenir en fixant le taux de l'intérêt ; elle franchissait toutes les bornes en rongeant le peuple jusqu'aux os, ne lui laissant d'autre alternative que la servitude ou la révolte : car on a beau le torturer, le texte de la loi des Douze Tables est formel : la liberté des citoyens, leur vie et leurs membres servaient de garantie à leurs engagements pécuniaires ; les *nexi* étaient livrés corps et âme à la merci de leurs créanciers impitoyables.

Ce qu'il y a de plus odieux dans cette situation, c'est que la nécessité d'emprunter était chez le peuple la conséquence inévitable des obligations que lui imposait le service militaire ; de sorte que la servitude et la misère étaient la récompense de son patriotisme. En empruntant, il espérait se libérer par le prix de la victoire, par les dépouilles des vaincus et surtout par les terres conquises qui, aux termes de la loi, devaient être partagées entre tous les citoyens. Mais on sait ce qui arriva : les terres conquises furent retenues par les praticiens, l'*ager publicus* ne sortit pas de leurs mains, et cet accroissement inique de leurs richesses, joint à l'accroissement des misères du peuple, ne servit qu'à rendre la puissance de l'usure plus cruelle et plus inévitable ; la spoliation publique servit d'arme et de prétexte à la spoliation privée.

Une des concessions obtenues par les plébéiens à la suite de leur retraite sur le mont Sacré, ce fut une loi, une loi des Douze Tables, qui fixait le *maximum* de l'intérêt à 12 pour 100, ou 1 as par mois. Barrière impuissante ! le flot de l'usure monta toujours, et ce qui contribuait à l'élever, c'étaient les rigueurs mêmes qu'on déployait contre les usuriers. « Les créanciers, selon la remarque profonde de Montesquieu, voyant le peuple leur débiteur, leur législateur et leur juge, n'eurent plus de confiance dans ses contrats. Le peuple, comme un débiteur discrédité, ne tentait à lui prêter que pour de gros profits..... Une usure affreuse, toujours foudroyée et toujours renaissante, s'établit à Rome (1). » Au temps de Cicéron, on prêtait à 44 pour 100 à Rome, et à 48 dans les provinces. Caton, cet austère républicain des temps antiques, dont M. Dupin citait dernièrement les paroles à ses collègues du sénat ; Caton, qui plaçait sur la même ligne l'usure et le meurtre : *Quid est fœnerari ? Quid est cœdere?* Caton était un usurier. C'était, il est vrai, l'usure maritime que pratiquait Caton et qu'il recommandait à son fils comme une industrie préférable à

____

(1) *Esprit des lois*, liv. XXII, ch. XX.

l'agriculture ; mais l'usure maritime n'en est pas moins l'usure, et si elle fait courir plus de dangers à ses capitaux, elle recueille aussi plus de profits à cause de la grandeur et de la promptitude des bénéfices. Plusieurs autres tentatives ont été faites chez les Romains, non-seulement pour fixer le taux de l'intérêt, mais pour le faire descendre au-dessous de toute limite équitable, tantôt à 3, tantôt à un et tantôt même à un demi pour 100. De pareilles lois sont plus faciles à faire qu'à observer, car le capitaliste qui ne retire aucun avantage ou des avantages dérisoires du prix de son argent, aime mieux le garder pour lui ; aussi l'usure demeura-t-elle le trait caractéristique des mœurs privées des Romains, ou tout au moins de l'aristocratie romaine, jusqu'au moment où les empereurs jetèrent en proie à la multitude les riches patrimoines grossis de ses larmes et de ses sueurs. Les anciens oppresseurs furent opprimés à leur tour, les anciens spoliateurs furent dépouillés, et leurs biens n'eurent pas d'autre emploi que d'assurer la destruction de ces libertés dont ils avaient fait un si mauvais usage.

Parmi les peuples de l'antiquité, un seul a complétement proscrit, au moins dans son sein, le prêt à intérêt, et par un étrange caprice de la destinée, le nom de ce peuple est devenu, pendant un temps, chez les nations modernes, synonyme d'usurier : je veux parler des Juifs. Voici en effet ce que nous lisons à plusieurs reprises dans le Pentateuque (1) : « Tu ne prendras point d'in-

(1) *Deut.*, ch. XXIII, v. 20 et 21 ; Cf., *Exode*, ch. XXII, v. 24 ; *Lévit.*, ch. XXV, v. 37.

térêt de ton frère, ni intérêt d'argent, ni intérêt de co-
mestible, ni l'intérêt d'aucune chose qu'on prête à intérêt. De l'étranger tu peux prendre de l'intérêt, mais tu
ne prendras pas d'intérêt de ton frère, afin que l'Éternel, ton Dieu, te bénisse en toute chose où tu mettras
la main. » Rien de plus clair que le sens et la raison de
ce précepte. Chez un peuple voué exclusivement à l'agriculture et soumis à la loi agraire, la nécessité d'emprunter ne pouvait être que le résultat d'un malheur ac-
cidentel, et il était défendu, au nom de la charité, de
profiter de cet accident ; il était dangereux, au point
de vue politique, de porter atteinte à cette égalité des
fortunes, à cet équilibre des propriétés que le législateur
voulait maintenir à perpétuité, comme le fondement
même de sa république. Mais dès qu'il s'agissait de prêter à un homme d'une autre nation, la défense de recevoir des intérêts ne pouvait plus se justifier par les
mêmes raisons. On doit moins à un étranger qu'à un
concitoyen ; un étranger peut emprunter pour un autre
motif que pour réparer son champ dévasté par l'orage
ou pour remplacer son troupeau moissonné par la peste.
Enfin, l'inégalité des fortunes, proscrite en Israël, n'était
pas imposée à l'étranger, et surtout ne pouvait pas lui
être imposée par le législateur des Hébreux. La loi de
Moïse a été confirmée par ce précepte de l'Évangile :
Mutuum date nihil sperantes ; « Soyez bienfaisants les
uns envers les autres sans espoir de récompense. »

En dehors de ce peuple, il y a eu aussi un homme,
un des plus grands dont s'honore la race humaine, qui
a condamné d'une manière absolue, non-seulement

l'usure, mais le prêt à intérêt. Ce que Moïse avait dit au nom de la charité, Aristote le répète au nom de la justice telle qu'il l'a comprend, au nom de l'économie politique telle que son génie entreprend de la fonder au milieu d'une société où le commerce et l'industrie étaient encore dans l'enfance, et où le crédit n'était pas même né. Aristote, dans le premier livre de sa *Politique* (1), passant en revue les différents moyens de production ou les différentes sources de la richesse, en distingue de deux espèces : celles qui sont naturelles et celles qui ne le sont pas. Les moyens naturels de s'enrichir, ce sont ceux qui créent quelque chose ou qui mettent à notre disposition de véritables produits ; ce sont toutes les industries que l'antiquité a connues : l'agriculture, le pacage, la pêche, la chasse, même la guerre. Les moyens artificiels, ce sont ceux qui ne créent rien ou qui augmentent notre fortune au moyen d'une convention. Tel est le commerce, qui nous enrichit uniquement par voie d'achat et de vente, et qui substitue aux richesses réelles une richesse de convention : à savoir, la monnaie ; car la monnaie, dans l'opinion d'Aristote, n'a aucune valeur par elle-même ; elle n'a, pour me servir du langage consacré dans l'économie politique de nos jours, qu'une valeur d'échange. Enfin, au-dessous du commerce, au dernier rang des moyens de production, est le prêt à intérêt. « L'intérêt, dit-il, c'est de l'argent issu d'argent, et c'est de toutes les acquisi-

____

(1) Chap. III.

tions celle qui est le plus contre nature (1). » Aristote, en parlant ainsi, tire des conséquences vraies d'un principe faux, et sa doctrine sur le prêt à intérêt, quand on l'envisage de ce point de vue, n'est pas du tout aussi ridicule qu'elle l'est devenue plus tard dans la bouche de ses disciples du XIIIe siècle. S'il est vrai que l'argent n'a aucune valeur par lui-même et ne contribue en aucune manière à augmenter la richesse publique, celui qui prête ses capitaux ne rend aucun service et ne mérite aucune récompense. Au XIIIe siècle, entre les mains de saint Thomas d'Aquin, de Gilles de Rome, de Henri de Gand et des autres scolastiques, la doctrine d'Aristote est devenue un axiome ridicule. On disait : « Il est contraire à la nature des choses que l'argent se reproduise lui-même comme les animaux et les plantes, ou qu'une matière inerte comme l'argent puisse faire des petits. »

En dépit de cette interprétation, la proposition d'Aristote et la défense de Moïse, fortifiées par le précepte de l'Évangile, sont devenues les règles du moyen âge, et non-seulement du moyen âge, mais des temps modernes, jusqu'à la révolution de 1789. Le prêt à intérêt ne fut d'abord proscrit que par l'Église et par le droit canon ; encore, la défense de l'Église s'adressait-elle exclusivement aux clercs, parce qu'ils devaient donner l'exemple de la perfection chrétienne ; peu à peu elle s'étendit des clercs aux laïques, et passa du droit canon

____

(1) *La Politique d'Aristote*, traduction de M. Barthélemy Saint-Hilaire, p. 37.

dans la loi civile. Deux capitulaires de Charlemagne, l'un de 789, l'autre de 813, flétrissent, sous le nom d'usure, l'intérêt même le plus modéré, et déclarent interdit tout profit de ce genre : *Omnino omnibus interdictum est ad usuram aliquid dare.* Plusieurs conciles, réunis sous le règne de Louis le Débonnaire, déclarent infâmes les prêteurs à intérêt (*in tota vita infames habeantur*), et les privent de la sépulture ecclésiastique ; ils ne permettent pas même d'exercer cette industrie pour le rachat des captifs. Jusqu'alors tout le monde était d'accord, et la loi civile n'était que l'écho de la loi ecclésiastique ; mais au xiie siècle, à la renaissance du droit romain, la guerre éclata entre les légistes et les théologiens, et naturellement, aux légistes vont se joindre les politiques, et aux théologiens les philosophes, puisque la théologie et la philosophie étaient à peu près confondues, au moins par les personnes qui les représentaient. Les légistes voulurent ressusciter la loi romaine qui permettait le prêt à intérêt, sauf à en interdire les excès et les abus ; les théologiens maintenaient les dispositions canoniques qui le proscrivaient, et les philosophes leur prêtaient l'appui d'Aristote. Une proposition d'Aristote, au xiie et au xiiie siècle, avait l'autorité d'un axiome de géométrie ou d'un dogme révélé. Ce fut la théologie et Aristote qui l'emportèrent. Le pouvoir séculier n'avait plus qu'à se faire l'exécuteur des prohibitions de l'Église ; et ces dispositions allaient si loin, que le pape Innocent III déclara libres de leurs engagements envers leurs créanciers et déliés de leurs serments les débiteurs de tout prêt à intérêt. C'est ainsi que, sous prétexte d'atteindre à la perfection chrétienne, on foulait aux pieds les obligations de la plus vulgaire probité, et l'on enseignait, au nom de la religion, le vol et la mauvaise foi. Voilà où conduisent le mépris de la raison, l'oubli des lois naturelles de la conscience et l'adoration servile des textes.

L'interdiction absolue du prêt à intérêt chez les peuples chrétiens du moyen âge eut le même résultat que l'abaissement forcé de l'intérêt chez les Romains ; elle ouvrit un champ illimité à l'usure, et cela avec la connivence intéressée des rois qui se proposaient de l'extirper. En effet, en dépit de toutes les lois, « il faut, comme l'a dit Montesquieu, que les affaires de la société aillent. » Les uns sont forcés d'emprunter, les autres ne veulent prêter et risquer leurs capitaux que moyennant certains avantages. Le contrat qui leur permettrait de s'entendre étant condamné par la loi, il faut bien ruser avec la loi et ériger en privilége l'opération même qu'elle déclare criminelle : c'est ce qui arriva. On accorda, à titre de monopole, aux lombards et aux juifs la faculté de prêter de l'argent à gros intérêts, et naturellement ce monopole était vendu très-cher ; d'autant plus cher, qu'on permettrait de percevoir des intérêts plus élevés. De sorte que, plus l'usure sévissait dans un pays, plus la caisse des rois en profitait, et plus aussi ils en étaient responsables. Cette coutume était également consacrée en France, en Italie, en Espagne, en Angleterre, en Belgique. L'Allemagne seule faisait exception, parce que les empereurs d'Allemagne, se donnant pour les héritiers des empereurs romains, comptaient au nombre de leurs prérogatives de permettre le prêt à intérêt, sous des conditions définies par la loi civile. Aussi l'argent y était-il à un prix relativement modéré : de 12 à 18 pour 100 ; tandis qu'ailleurs l'usure, avec l'assentiment de l'autorité, s'élevait à des proportions formidables. En trois ans et quatre mois, le capital était doublé, sans préjudice de l'intérêt des intérêts.

Rien de plus curieux que le raisonnement par lequel on justifiait cet état de choses. Ce raisonnement, nous le trouvons dans la bouche des conseillers de Louis IX, quand ce prince, esclave aveugle des lois canoniques, veut bannir sans exception de toute l'étendue de son royaume une industrie condamnée par l'Église. Qu'importe, lui disait-on, qu'une race damnée, comme celle des juifs, fasse un métier damnable ? Vous n'ajouterez rien au danger que court leur salut, et vous donnerez satisfaction au besoin de vos peuples. Disons tout de suite que les lombards n'étaient guère plus en odeur de sainteté que les juifs. Nous les voyons en plusieurs pays repoussés de la communion et privés de la sépulture chrétienne. Ils partagent avec les juifs la haine du peuple et les persécutions des princes. Ces princes ne s'apercevaient pas ou feignaient de ne pas s'apercevoir qu'ils sévissaient contre leurs complices et les livraient lâchement aux victimes dont ils partageaient les dépouilles. Ils recueillaient de cette politique un double profit : ils recevaient d'abord le prix du monopole qu'ils vendaient, et quand les concessionnaires de ce dangereux privilége étaient devenus, au bout de quelque temps, l'objet des fureurs populaires, ils les chassaient, après avoir confisqué leurs biens, c'est-à-dire qu'ils prenaient des deux mains un bien dérobé : ils partageaient avec les juifs les dépouilles de leurs peuples et partageaient avec leurs peuples les dépouilles des juifs.

Les abus que nous venons de signaler s'adoucirent avec les mœurs, mais la cause qui les provoquait subsista ; le prêt à intérêt resta interdit par les ordonnances des rois de France, et cela sous les peines les plus sévères. Condamné, pour une première infraction, au bannissement, à l'amende et à l'humiliation de l'amende honorable, le coupable, en cas de récidive, encourait « la confiscation de corps et de biens », c'est-à-dire la confiscation proprement dite et les galères à perpétuité (1). Cependant, comme il fallait bien faire la part de la nécessité, on admit toute sorte d'exceptions qui, sans attaquer le principe de la loi, laissaient la porte ouverte aux opérations les plus indispensables de la vie économique. On réserva l'intérêt des monts-de-piété, institués pour le bien des pauvres; celui de la rente constituée, qu'admettaient déjà les théologiens du moyen âge; celui de toute somme d'argent prêtée à l'État, sous prétexte que l'État a le droit d'exiger un tel service et d'en fixer les conditions. On plaça aussi en dehors de la loi commune les marchands qui fréquentaient les foires de Lyon, pourvu qu'ils n'empruntassent que pour les besoins de leur commerce. Enfin, la

(1) Voyez Jousse, *Traité de la justice criminelle*, 4 vol. in-4, t. IV, p. 267 et suiv. Paris, 1771.

même immunité s'étendit peu à peu aux commerçants, en général, et amena l'existence des banques régulières. Lorsqu'un négociant, disaient les jurisconsultes, se décide à prêter son argent, il se prive du bénéfice qu'il aurait pu retirer de ses capitaux en les appliquant à ses affaires. Il est donc de toute justice qu'il reçoive de l'emprunteur une indemnité équivalente à la perte qu'il a subie (*damnum emergens*) ou au profit qui lui a échappé (*lucrum cessans*) (1). D'aussi larges exceptions eurent naturellement pour résultat de supprimer la règle; mais restait toujours le taux de l'intérêt, fixé par la loi d'une manière invariable à 5 pour 100.

Cette dernière restriction fut vivement attaquée par les écrivains du XVIIIe siècle. Défendant avec passion la liberté du commerce, tant intérieur qu'extérieur, l'école de Quesnay et d'Adam Smith, ou, comme on l'appelait alors, la secte des économistes, devait protester contre cette immixtion de la loi, contre cette intervention de l'État dans les transactions privées du prêteur et de l'emprunteur, du marchand de capitaux et de son client. L'argent fut appelé une marchandise qui, outre sa valeur d'échange, avait sa valeur propre, essentiellement variable comme celle de toute marchandise, selon qu'elle est abondante ou rare. De quel droit et avec quelle raison, avec quel profit pour les particuliers ou pour la société entière, l'État voulait-il lui attribuer un prix invariable? L'argent n'appartient pas à l'État, quoiqu'il porte l'empreinte de l'État, comme garantie de

____

(1) *Ouvrage cité*, même volume, p. 268.

son poids et de son titre; il appartient à celui qui le possède, comme la maison appartient à celui qui l'a fait bâtir ou qui l'a achetée. Si l'État n'a pas le droit de fixer un prix *maximum* pour le loyer d'une maison, pourquoi ce droit lui appartiendrait-il pour le loyer de l'argent? C'est à Turgot qu'on fait l'honneur d'avoir, le premier, soutenu ces maximes dans notre pays. On regarde son *Mémoire sur le prêt d'argent* comme le premier manifeste de ce genre. Mais c'est une erreur; Montesquieu, dans cette voie, a précédé Turgot et Adam Smith. Dans le xxiie livre de l'*Esprit des lois*, il a traité la question avec une telle lucidité et une telle profondeur, qu'il ne laisse presque rien à dire à ses successeurs. On remarque surtout dans ce livre un petit chapitre (le xixe) qui contient la substance et la moelle de tous les arguments qui ont été développés après lui, de tous les traités qui ont été écrits sur le même sujet, et des longs discours qui ont été récemment prononcés au sénat.

Il est bon de savoir d'abord qu'il a déjà réfuté précédemment les doctrines d'Aristote, qui n'accorde à l'argent qu'une valeur de convention et tout au plus une valeur d'échange. « L'argent, dit-il (1), comme métal, a une valeur comme toutes les autres marchandises, et il a encore une valeur qui vient de ce qu'il est capable de devenir le signe des autres marchandises; et s'il n'était qu'une simple marchandise, il ne faut pas douter qu'il ne perdît beaucoup de son prix. »

(1) Liv. XXII, ch. x.

Puis, arrivant au prêt, il s'exprime en ces termes :
« L'argent est le signe des valeurs. Il est clair que celui qui a besoin de ce signe doit le louer, comme il fait de toutes les choses dont il peut avoir besoin. Toute la différence est que les autres choses peuvent ou se louer ou s'acheter, au lieu que l'argent, qui est le prix des choses, se loue et ne s'achète pas.

» C'est bien une action très-bonne de prêter à un autre son argent sans intérêt; mais on sent que ce ne peut être qu'un conseil de religion et non une loi civile.

» Pour que le commerce puisse se bien faire, il faut que l'argent ait un prix, mais que ce prix soit peu considérable. S'il est trop haut, le négociant qui voit qu'il lui en coûterait plus en intérêts qu'il ne pourrait gagner dans son commerce, n'entreprend rien. Si l'argent n'a point de prix, personne n'en prête, et le négociant n'entreprend rien non plus.

» Je me trompe quand je dis que personne n'en prête. Il faut toujours que les affaires de la société aillent; l'usure s'établit, mais avec les désordres qu'on a éprouvés dans tous les temps.

» La loi de Mahomet confond l'usure avec le prêt à intérêt. L'usure augmente dans les pays mahométans à proportion de la sévérité de la défense; le prêteur s'indemnise du péril de la contravention. »

Placée entre les idées nouvelles et la vieille législation, entre la liberté absolue et l'absolue prohibition, l'Assemblée constituante prend un parti intermédiaire. Par un décret en date du 2 décembre 1789, elle permet le prêt à intérêt ; mais elle fixe le taux de l'intérêt en matière civile à 5 pour 100, et s'en remet, en matière commerciale, aux usages particuliers du commerce. Cette disposition, sauf le taux de l'intérêt qui n'est pas fixé, passe dans le Code civil. Le Code civil, en effet (art. 1905, 1906 et 1907), après avoir permis le prêt à intérêt, distingue entre l'intérêt légal et l'intérêt conventionnel. Le premier est fixé par la loi ; le second peut excéder celui de la loi toutes les fois que la loi ne l'a point prohibé. C'était laisser la porte ouverte à la liberté des transactions commerciales, que réservait aussi la Constituante. Mais la loi du 3 septembre 1807 a voulu que l'intérêt fût immuable partout. Elle a consacré le taux de 5 pour 100 en matière civile et de 6 pour 100 en matière de commerce. C'est cette loi qui est encore en vigueur. C'est cette loi qui est aujourd'hui attaquée de toute part, au nom de l'expérience et au nom de la science, au nom du commerce et de l'économie politique. Abandonnée par les théologiens et même par les hommes politiques, elle n'est plus défendue que par un petit nombre de légistes, et ces légistes ont contre eux, non-seulement les arguments de leurs adversaires, mais la législation des pays les plus civilisés de l'Europe : car le prêt à intérêt est aujourd'hui déclaré libre en Angleterre, en Belgique, en Hollande, et nulle part on ne se plaint qu'il ait produit de fatales conséquences. En France même, la loi de 1807 a reçu une profonde atteinte par la loi du 10 juin 1857 qui proroge le privilége de la Banque de France. L'article 8 de cette loi porte que « la Banque de France pourra, si les circonstances l'exigent, élever au-dessus de 6 pour 100 le taux de ses escomptes, et l'intérêt de ses avances. » C'est ériger de nouveau l'usure en privilége comme sous les anciens rois de France. Et au profit de qui ce privilége est-il consacré? Au profit d'une institution qui a été créée précisément pour abolir l'usure et assurer au commerce, sous les conditions les plus avantageuses, les capitaux et le crédit dont il a besoin.

En présence de ces faits, la vieille théorie ne peut plus se soutenir. Le commerce d'argent, le louage d'argent est, de sa nature, une transaction privée où la loi n'a pas à intervenir autrement que pour la répression de la fraude et de la mauvaise foi. En droit, l'usure n'est pas un délit.

Mais si l'usure n'est pas contraire aux principes du droit et ne peut pas être l'objet d'une répression pénale, elle est contraire aux principes de l'humanité, aux principes de la charité, aux principes de l'honneur, et c'est avec raison qu'elle est flétrie par l'opinion publique. Il faut distinguer, en effet, entre les opérations du commerce et les besoins de la vie civile. C'est là seulement, sous la contrainte de la nécessité, sous la pression du malheur, que l'usure devient un crime, que l'usure peut être comparée au meurtre. Mais par quelle mesure la prévenir, puisque la loi est impuissante? Par des institutions de bienfaisance et de charité, par une sorte de banque du peuple plus humaine que le mont-de-piété et moins exigeante en fait de garantie que la Banque de France ; par un crédit mobilier d'une organisation particulière, qui n'accepte que le nantissement du pauvre et qui se soutienne en grande partie par l'humanité des riches. Prêter au pauvre est plus méritoire que lui donner ; car c'est lui donner deux fois que de le laisser en possession de sa dignité et de son mince avoir, que de le soustraire à sa propre gêne et à l'avidité de ceux qui exploitent sa misère. La société qui a été créée récemment sous le nom du Prince impérial semble appelée à réaliser cette idée, et elle la réalisera certainement si elle ne dévie point de son principe ; si, au lieu d'une institution de charité elle ne finit point par devenir une institution politique. Au reste, ce n'est pas la question d'économie sociale, mais la question de droit que nous voulions traiter ici, et celle-là, quels que soient les moyens de remédier aux abus de la force et à la sujétion de la faiblesse, nous croyons l'avoir résolue en faveur de la liberté.

CHAPITRE V.

DE LA RESPONSABILITÉ PERSONNELLE DANS LES DÉLITS, OU DE L'IMPUTABILITÉ. — DE LA PART QUI REVIENT A LA SOCIÉTÉ DANS LA RESPONSABILITÉ DU MAL. — DE LA THÈSE SOUTENUE PAR M. V. HUGO DANS LES MISÉRABLES.

Il ne suffit pas, pour justifier l'intervention de la loi pénale, qu'une action ait été commise qui présente les caractères extérieurs d'un délit ou qui tombe à juste titre sous l'empire de la répression publique, il faut encore que l'auteur de cette action en soit responsable, qu'il l'ait commise en toute liberté et en pleine puissance de ses facultés intellectuelles, que nous puissions voir en lui un être moral et non pas une force aveugle, un instrument à la merci du hasard ou de la volonté d'autrui. C'est ce qu'on appelle, dans le langage du droit pénal, l'imputabilité. Sans l'imputabilité, ou pour parler la langue de la morale, sans la responsabilité, le délit s'évanouit, et, au lieu d'une action à punir, nous n'avons plus sous les yeux qu'un accident, un événement fortuit, un malheur.

Les conditions générales de l'imputabilité sont faciles à déterminer et n'ont jamais donné lieu à aucun doute ; elles consistent dans la liberté et dans le plein usage de la raison. Il n'est jamais venu à l'esprit d'un juge ou d'un législateur de poursuivre l'auteur d'une action qui a été commise sans dessein et sans discernement, c'est-à-dire sans volonté et sans intelligence. Un homme atteint de délire, un aliéné, un enfant en bas âge, sont considérés comme innocents du mal qu'ils ont fait (1). A ces deux conditions essentielles, l'équité exige qu'on en ajoute une troisième : la connaissance de la loi qui a été violée. Mais ici il y a une distinction à établir qui n'existe point pour les deux conditions précédentes et qui ne permet point, par conséquent, un langage aussi absolu. Quand l'action incriminée est de celles que ré-

____

(1) « Il n'y a ni crime ni délit, dit le Code pénal (art. 64), lorsque le prévenu était en état de démence au moment de l'action, ou lorsqu'il a été contraint par une force à laquelle il n'a pu résister.

» Lorsque l'accusé aura moins de seize ans, s'il est décidé qu'il a agi sans discernement il sera acquitté. » (*Ibid.*, art. 60.)

prouve la morale ou la conscience naturelle de l'homme, alors la connaissance de la loi se confond avec la raison, avec l'intelligence prise en général. Il n'est pas nécessaire d'avoir lu le Code pénal pour savoir que le meurtre, le vol, le faux témoignage, l'escroquerie, l'abus de confiance, sont des actions criminelles. Mais lorsqu'il s'agit d'une infraction à une loi de convention ou de circonstance, comme certains règlements de police et la plupart des lois fiscales, alors l'ignorance involontaire, s'il est possible de la constater, doit être admise comme un motif d'excuse.

Il existe certainement une limite suprême, absolue, entre la raison et la folie, la liberté et la contrainte, la connaissance et l'ignorance. Cette limite, on la sent mieux qu'on ne la peut définir. Cependant elle est marquée par deux faits principaux, dont la constatation appartient à tout homme de bon sens : la conscience de nos actions et le discernement général du bien et du mal. Aussi longtemps que notre âme reste pénétrée de cette double lumière, quelle que soit la force de nos passions, la violence de nos entraînements ou l'énergie des influences qui ont pesé sur nous, nous sommes responsables de nos œuvres, et les crimes qui ont été accomplis par nos mains nous sont imputables. Mais il y a des degrés dans la résistance que nous avons éprouvée, par conséquent dans l'énergie qui a été déployée pour la vaincre, dans la culpabilité, ou, comme disent les philosophes, dans le démérite de l'agent. Les auteurs d'un même délit peuvent donc être diversement coupables et, par suite, doivent être frappés de peines

inégales. Par exemple, l'homme qui a commis un meurtre dans le paroxysme de la colère, celui qui a commis
un vol sous la pression de la faim, quoiqu'on ne puisse
les décharger de toute responsabilité, sont certainement
moins coupables que celui qui a tué avec préméditation, que celui qui a volé par cupidité. Cette diversité,
la loi la reconnaît en principe. Mais comment la saisir ?
à quels signes peut-on la reconnaître ? ou, pour parler
le langage du droit français, quelles sont les circonstances atténuantes ou aggravantes qui méritent d'être prises en considération, soit par le législateur, soit tout au
moins par le juge ? Ici commence une partie extrême-
ment délicate du droit pénal, et qui a donné naissance
aux opinions les plus opposées. Je n'ai point la prétention de résoudre toutes les difficultés qu'elle présente ;
je n'en aborderai que quelques-unes, me confiant, pour
les autres, à la force des principes que nous avons re-
connus et qui ont suffi jusqu'à présent pour éclairer
notre route.

Je laisse de côté les circonstances aggravantes, qui ne
sont pas autre chose, au fond, qu'une accumulation de
délits, évidemment digne d'une aggravation de peine.
Par exemple, qu'est-ce qu'un vol qualifié, c'est-à-dire
un vol commis avec effraction ou à main armée, un vol
commis sur la grande route ou dans une maison habitée ? C'est le vol joint à la violence, à une violence capable d'alarmer les membres de la société, non-seulement pour leurs biens, mais pour leurs personnes ; à la
violence qui ira, s'il est nécessaire, jusqu'au meurtre.
Le parricide n'est pas un meurtre ordinaire, accompli

avec des circonstances aggravantes ; c'est un meurtre d'une nature exceptionnelle, où les plus saintes lois de la nature et de la société ont été outragées, et que la loi se croit autorisée à punir d'une peine particulière. La récidive ne devrait pas toujours être considérée comme une circonstance aggravante ; il serait plus juste d'y voir quelquefois une circonstance atténuante. C'est lorsque le coupable, loin d'avoir été amendé par le châtiment que lui a valu une première faute, lui doit, au contraire, un complément de perversité ; c'est lorsque le système pénitentiaire auquel il a été soumis, en mettant en contact les natures les plus dépravées avec celles qui ont été à peine effleurées par le mal, devient nécessairement un instrument de propagande au profit du crime. Il n'est cependant pas possible de nier que la récidive ne présente par elle-même un caractère aggravant ; car au délit spécifié par la loi, et qui est l'objet direct des poursuites de la justice, elle en ajoute un autre, celui qui consiste à démontrer l'impuissance de la peine et à accroître les alarmes de la société. On peut dire que le récidiviste s'est placé dans une nouvelle catégorie de coupables : ceux à qui la répression ordinaire ne suffit pas et qui réclament, par conséquent, une pénalité plus efficace. Mais alors l'aggravation se traduit encore une fois par une accumulation de délits.

Les circonstances atténuantes sont les seules qui présentent un caractère propre et qui puissent donner lieu à des observations intéressantes. Je m'attacherai uniquement à celles qui ne me paraissent pas avoir été appréciées à leur juste mesure, ou qui ne tiennent pas, dans la jurisprudence et dans la législation, une place proportionnée à leur importance.

La loi pénale, elle ne pouvait guère faire autrement, a pris en considération l'âge, mais dans des proportions trop étroites et peu équitables. Comment! lorsqu'il s'agit d'émancipation et de droits, lorsqu'il s'agit de l'exercice d'une partie seulement des prérogatives du citoyen, elle exige l'âge de vingt et un ans, et quand il est question de châtiment et de responsabilité pénale, seize ans lui suffisent! Encore permet-elle au juge de reconnaître le discernement même au-dessous de seize ans, et de prononcer dans ce cas la peine des travaux forcés à perpétuité. La peine de mort contre un enfant de seize ans! la peine des travaux forcés à perpétuité contre un enfant plus jeune encore : voilà des sévérités qui appartiennent à un autre temps et à d'autres mœurs que les nôtres. Il est vrai que nous parlons en ce moment d'un meurtrier. Mais un meurtrier de cet âge mérite autant la pitié que l'horreur, et la société, au lieu de rejeter de son sein cette âme prématurément pervertie, ne devrait la frapper que pour la guérir. Elle n'a pas le droit d'être pour elle une mère sans entrailles.

La loi, comme nous l'avons déjà remarqué, tient compte aussi de la passion. Elle va même très-loin dans cette voie d'indulgence, puisqu'elle considère comme excusable le mari qui aura tué sa femme et l'amant de sa femme surpris en flagrant délit. Or, au nombre des passions qui nous poussent à faire le mal se trouve le sentiment de la honte. C'est dans l'espérance presque

toujours vaine de se soustraire à la honte qu'une jeune fille coupable d'une faiblesse se laisse entraîner à détruire le fruit de sa faute. Assurément elle est coupable et elle mérite d'être frappée d'une peine sévère. Mais cette peine doit-elle être la mort ? doit-elle être les travaux forcés à perpétuité? La société n'a-t-elle pas une certaine part dans les crimes de cette espèce ? La société n'a pas tort d'établir une différence entre celles qui s'abandonnent et celles qui se respectent, entre celles qui méprisent et celles qui conservent un de ses biens les plus précieux : l'honneur de la femme, la sainte loi du mariage. Mais cette sévérité nécessaire de la société n'en est pas moins pour celles qui ont failli une excitation à aggraver leur faute. Cette excitation a sur elles d'autant plus de pouvoir qu'elles sont restées plus sensibles à la pudeur et à la honte. Comment ne pas leur en tenir compte? Comment ne pas se dire qu'elles sont au moins aussi dignes de pitié et d'indulgence que celui qui a versé le sang de son prochain, le sang d'un homme et non d'un enfant à peine vivant, dans un mouvement de jalousie ou de colère? Personne n'ignore que, grâce aux circonstances atténuantes et à la faculté laissée au juge d'abaisser la peine de deux degrés, la peine de mort et les travaux forcés sont rarement prononcés contre l'infanticide ; mais c'est une mauvaise loi celle qu'on est obligé d'éluder, celle qui blesse visiblement la conscience de la société et de la justice elle-même. Ajoutez à cela que dans plusieurs départements de la France on a rendu la honte inévitable par la suppression des tours dans les hospices d'enfants trouvés. La charité comme l'amour, dont elle est la plus sublime expression, doit avoir les yeux bandés.

Le sexe, ou, pour parler plus exactement, la faiblesse de la femme, ne doit pas être comptée en matière pénale parmi les motifs d'atténuation. Il n'y a pas de droit sans devoir, pas de liberté sans responsabilité. Si dans l'ordre moral la femme est l'égale de l'homme, elle doit aussi être son égale devant la loi et devant la justice. La responsabilité étant la même, il faut admettre, de part et d'autre, la même culpabilité pour des crimes semblables. Il n'y a que l'application de la peine qui puisse être différente en raison de l'inégalité des forces. La femme est plus sensible à la souffrance que l'homme ; par conséquent, elle souffre autant que lui d'un châtiment moins élevé.

Il y a des questions plus difficiles à résoudre que celles-là : ce sont celles que soulèvent la folie, l'obéissance passive, la contrainte morale, l'ignorance involontaire dont la cause est moins dans l'individu que dans les institutions sociales.

Personne ne doute que la folie ou la démence, prise en général, ne détruise toute responsabilité. Mais on prétend qu'il y a des folies partielles qui ont le même caractère et qui doivent produire aux yeux de la loi pénale les mêmes effets. Ce sont celles qu'on désigne sous le nom de monomanie. Il y a des monomanies inoffensives; mais il y en a aussi, dit-on, de nuisibles et de menaçantes pour la société : il y a la monomanie du meurtre, la monomanie du vol, la monomanie de l'incendie, la monomanie du viol. Pourquoi les folies partielles seraient-elles plus responsables que la folie générale, que la démence, le délire ou l'idiotisme? Une certaine école médicale a fait valoir cet argument contre les sévérités habituelles de la justice. Il ne tend à rien moins qu'à détruire la répression pénale dans son principe et à faire passer un criminel pour d'autant plus innocent qu'il a commis plus de crimes et qu'il les a commis dans des circonstances plus aggravantes. En effet, les exemples de monomanie qu'on cite ordinairement sont les malfaiteurs qui ont commis le meurtre pour le meurtre, le vol pour le vol, l'incendie pour l'incendie, sans autre dessein que de faire le mal, sans autre mobile que le dernier degré de la perversité humaine, les Papavoine, les Lacenaire, les Dumolard et autres scélérats de cet ordre, qui ont laissé dans les annales de la justice des traces ineffaçables. Nous demanderons aux partisans de ce système à quels traits ils reconnaissent les monomanes. N'est-ce pas au nombre même de leurs crimes et à la persévérance de leur perversité? Belle raison pour les absoudre! D'un autre côté, qui oserait soutenir que ces âmes endurcies n'ont pas la conscience de leurs actions et le discernement du bien et du mal? Or, nous l'avons déjà dit, partout où ces deux faits n'ont pas absolument disparu, l'homme reste libre et responsable; car ils sont eux-mêmes la liberté et la responsabilité humaine.

L'obéissance passive est une excuse plus légitime. Il faut que le soldat obéisse à son chef, il faut que les officiers obéissent à leurs supérieurs, il faut qu'ils obéissent promptement, résolûment, sans hésiter, sans délibérer : on ne délibère point sous les armes. L'obéissance passive, c'est l'existence même des armées, et les armées sont l'existence des États. Mais l'obéissance passive est-elle absolument sans limites? L'homme qui est soumis à ce devoir n'est-il plus qu'une machine sans raison, sans liberté, sans conscience? Je ne le pense pas. Un commandement visiblement contraire à la loi, à la constitution, à l'ordre établi, à l'ordre éternel de la morale, doit-il être exécuté sans observation, sans résistance? Personne n'oserait l'affirmer. Nous avons au contraire des éloges pour ceux qui résistent dans ce cas. Le nom de cet officier russe qui a mieux aimé briser son épée et se brûler la cervelle que de commander le feu contre une foule agenouillée et désarmée, le nom du colonel Reutern restera honoré et admiré tant que l'honneur et l'humanité n'auront pas quitté la terre. Mais la responsabilité est ici moins une question pénale qu'une question morale. On peut admirer celui qui a désobéi au prix de sa vie, au prix de sa carrière, mais la justice ne peut demander un compte rigoureux à celui qui a cédé à l'empire de la discipline. La responsabilité varie aussi suivant la position et l'éducation de celui qui est en cause. On exigera plus d'un général que d'un officier subalterne, et d'un officier que d'un simple soldat. On exigera plus dans un pays où les lois et la constitution politique sont connues de tous que dans celui où règne, au moins en matière politique, la plus profonde ignorance. C'est une nouvelle preuve que l'ignorance est la compagne de la servitude, et que la liberté est impossible sans une certaine somme d'instruction répandue également dans toutes les classes de la société.

Nous arrivons ainsi naturellement aux rapports de l'ignorance avec la responsabilité pénale. Toute loi est supposée connue; c'est un axiome de droit que nul ne peut se justifier par l'ignorance de la loi. Cet axiome est certainement nécessaire, et j'ajouterai qu'il est vrai dans un sens philosophique et absolu. En effet, la loi civile, la loi positive, prise en général, doit être autant que possible l'expression de la loi naturelle. Par conséquent, tout ce que l'une ordonne ou défend, doit être ordonné ou défendu par l'autre. La connaissance de nos devoirs civils se confond, de cette manière, avec la connaissance de nos devoirs pris en général, c'est-à-dire avec la conscience et avec la raison. Mais cela n'empêche pas en fait cet axiome de droit d'être souverainement injuste. Il n'est pas vrai que la loi civile soit toujours l'expression de la loi naturelle; il n'est pas vrai que l'une et l'autre soient réellement connues. Comment le seraient-elles dans un pays où presque la moitié des habitants sont étrangers à toute instruction et presque à toute éducation? Comment le seraient-elles pour des hommes qui ne savent ni lire ni écrire, qui n'ont aucune idée ni de leurs facultés ni de leurs devoirs, ni de leurs devoirs d'hommes ni de leurs devoirs de citoyens? L'ignorance, poussée à ce degré, est un motif d'excuse et d'absolution, parce qu'elle a ses racines, non dans la volonté de l'individu, mais dans l'incurie de la société. La responsabilité morale, et à plus forte raison la responsabilité pénale, n'existent véritablement qu'avec un certain degré d'instruction et d'éducation. Et qu'on ose encore soutenir que le père de famille a le droit d'élever ses enfants dans l'ignorance, et que l'instruction primaire obligatoire est un attentat contre la majesté de l'autorité paternelle !

Une seule des questions que nous avons indiquées reste encore devant nous : c'est celle de la contrainte morale. Il est évident qu'une situation morale qui ne laisserait pas à l'homme l'usage de sa raison et de sa liberté équivaudrait à la contrainte physique et le déchargerait de toute responsabilité devant sa conscience et devant la loi. Mais cette situation existe-t-elle ? Quelquefois, dans des circonstances exceptionnelles. Par exemple, un vaisseau est surpris par la famine en pleine mer, loin de tout secours, sans espérance d'un salut prochain ; les malheureux qui l'habitent sont transformés en cannibales ou en bêtes féroces ; ils se dévorent les uns les autres, car il n'y a pas de choix pour eux : mourir de faim ou devenir anthropophages. Comment les rendre responsables d'une telle calamité, et que pourrait la loi pour la prévenir ? Mais il y a des écrivains qui prétendent que cette situation existe pour une foule de malheureux, au sein même de la société, ou que la société est constituée sur des bases tellement vicieuses, qu'elle pousse les hommes au crime et les femmes au déshonneur. Au nombre de ces accusateurs de l'ordre social se trouve l'auteur d'un livre qui est aujourd'hui, ou du moins qui était, il y a quelque temps, dans les mains de tout le monde. Je ne sortirai donc pas de mon sujet, et même je ne ferai que me conformer strictement aux devoirs qu'il m'impose, en recherchant ce qu'il y a de vrai et de faux, soit au point de vue du droit, soit au point de vue des faits, dans les deux volumes dont se compose la première partie des *Misérables*.

Afin qu'on ne puisse pas se méprendre sur mes intentions, je commence par déclarer que je ne suis nullement hostile à la révolution littéraire dont M. Victor Hugo est sans contredit, parmi nous, le plus complet, le plus énergique et le plus illustre représentant. Le XVIIe siècle avait accompli son œuvre, objet de légitime admiration pour la postérité, sujet d'orgueil pour la France; le XVIIIe siècle venait de finir la sienne, qui, sans détruire celle de son devancier, la continuait glorieusement, et, s'imposant en quelque sorte au monde civilisé depuis Paris jusqu'à Berlin, depuis Berlin jusqu'à Saint-Pétersbourg, préparait non-seulement la révolution de 1789, mais l'affranchissement universel dont nous sommes aujourd'hui les instruments et les témoins. Pourquoi donc aurions-nous accepté pour nous le rôle d'imitateurs et de serviles échos? Quelle raison, quel devoir pouvait nous obliger, nous, dont la liberté récemment conquise, avait agrandi l'horizon et multiplié les forces, à rester honteusement accroupis sur l'héritage de nos pères? Quand les sciences mathématiques et physiques, quand la physiologie, l'astronomie, l'histoire naturelle, l'érudition, la connaissance des langues, étendaient chaque jour leur domaine par de nouvelles conquêtes et brillaient d'un incomparable éclat, quand elles citaient avec orgueil les noms des Cuvier, des Laplace, des Étienne Geoffroy Saint-Hilaire, des

Poinsot, des Biot, des Sylvestre de Sarcy, des Champollion le jeune, comment les lettres seraient-elles restées enchaînées au même symbole, à la même tradition, gardiennes impuissantes plutôt que prêtresses d'un sanctuaire où la divinité avait cessé de descendre ? Aussi les lettres ont-elles repoussé ce rôle dégradant que voulait leur imposer une discipline pédantesque et inintelligente. Elles ont voulu, elles aussi, tenir leur place dans l'histoire de notre temps, et, avec cet acte d'émancipation, a commencé, pour la poésie, pour la philosophie, pour l'éloquence, pour l'histoire, pour le roman, une ère nouvelle, qui, oserai-je le dire ? ne le cède pas, malgré ses excès et ses erreurs, aux deux ères précédentes. Parmi les noms qui en font l'honneur, on voit briller au premier rang celui de M. Hugo. La France serait bien ingrate de l'oublier ; car, du fond de l'exil où l'ont jeté les caprices de la fortune, c'est à elle qu'il adresse tous les fruits de son génie, c'est pour elle que les produit sa vigoureuse et féconde vieillesse. Il la représente au dehors avec autant d'éclat que Byron et Gœthe représentaient naguère dans notre pays l'Angleterre et l'Allemagne. Ce qui doit surtout nous le rendre cher, ce qui assure sa gloire dans la postérité la plus reculée, c'est qu'il a ouvert parmi nous, avec Lamartine, cette autre victime des révolutions, une source d'inspirations dont nous étions privés avant lui et qui a fourni tant de chefs-d'œuvre à l'antiquité païenne. Ce sont les *Orientales*, les *Chants du crépuscule*, les *Feuilles d'automne*, les *Voix intérieures* qui, avec les *Harmonies* et les *Méditations poétiques*, ont inauguré en France la poésie lyrique ; car Jean-Baptiste Rousseau n'est qu'un versificateur, et Racine, dans les strophes d'Esther et d'Athalie, n'est qu'un écho magnifique des prophètes hébreux. C'est le poëte lyrique que nous montre Hugo jusque dans ses drames ; car ce qu'il y a de meilleur dans *Cromwell*, dans *Marie Tudor*, dans *les Burgraves*, dans *Ruy-Blas*, c'est sans contredit la partie lyrique. C'est le poëte lyrique qu'il nous laisse apercevoir jusque dans ses romans et dans la plupart de ses œuvres en prose. Qu'est-ce qui distingue en effet tous ses ouvrages ? quel est le caractère propre du génie de M. Hugo ? C'est, indépendamment de la force, trop souvent poussée jusqu'à la violence, cette magie qui donne une âme, une pensée, une volonté, un cœur, non-seulement à l'animal et à la plante, mais à la matière elle-même, aux parties les plus inertes de l'univers, et qui plonge dans un océan commun de vie et de sentiment la terre et le ciel, l'homme et la nature. Or, tel est particulièrement l'effet de l'inspiration lyrique. Toute autre poésie, la poésie épique, la poésie dramatique, et plus particulièrement la comédie et la satire, sont obligées de distinguer entre les choses et les hommes, entre les hommes et la divinité, entre les caractères et les personnages. La poésie lyrique ne distingue rien, ne reconnaît aucune barrière à son enthousiasme ; elle va où la poussent les enivrantes émanations du trépied sacré ; elle flotte sur un océan sans rivage, *sine littore pontus.*

Mais là est précisément l'écueil de M. Hugo ; là est la source de son aveuglement et de ses excès. A force d'élever les choses jusqu'au rang de l'homme, jusqu'aux attributs mêmes de Dieu, il prend l'habitude d'abaisser Dieu et l'humanité jusqu'au rang des choses. Il leur ôte toute liberté, toute responsabilité morale, tout empire sur eux-mêmes. De là une manière de parler de Dieu, tantôt sublime, tantôt inintelligible, tantôt pleine d'irrévérence, comme lorsqu'il dit qu'il faut *écheniller* Dieu. De là une théologie toute panthéiste, comme celle qui respire sous une forme plus éthérée, dans les *Méditations poétiques* de M. de Lamartine, et une morale qui se résout dans le pur fatalisme. L'homme n'a pas le mérite de ses vertus, il n'a pas la honte de ses vices et de ses crimes. Élevé au comble de l'honneur, entouré de l'estime et de l'admiration de ses semblables, il doit tout ce qu'il est aux priviléges de son rang, aux caprices de la fortune ou de la nature ; descendu au plus bas degré de l'avilissement et de la perversité, il n'est tombé que par la faute de la société, ou par des instincts et des passions que la société ne comprend pas, qu'elle étouffe et opprime sans justice, et, jusqu'au fond de cet abîme, il conserve encore une étincelle divine qui brille par moments du plus admirable éclat. Quelle est cette étincelle ? Ce n'est pas l'idée du devoir ; ce n'est pas la réaction de la liberté et de la dignité humaine contre la servitude du vice et l'oppression des sens. Non, c'est la passion ou l'instinct. C'est ainsi que la femme impure est relevée dans *Marion Delorme* par l'amour, dans *Lucrèce Borgia* par l'amour, je ferais mieux de dire par l'instinct maternel. C'est le même spectacle que nous offre la Sachette dans *Notre-Dame de Paris*, et Fantine dans le nouveau roman. Triboulet, dans *le Roi s'amuse*, c'est la contre-partie de *Lucrèce Borgia;* c'est l'homme dégradé qui se rachète par l'amour paternel, et cet homme, pourquoi est-il dégradé? parce qu'il est né contrefait et pauvre, et que ce double malheur l'a condamné à la profession abjecte de baladin.

A ces idées, qui sont le fond invariable de la morale de M. Hugo, et qu'on trouve indistinctement dans toutes ses œuvres, tant en vers qu'en prose, si vous ajoutez une hostilité plus prononcée contre la société et une compassion plus profonde pour ceux qu'elle a rejetés de son sein, pour ceux que l'opinion ou les lois ont flétris, vous aurez la conclusion des *Misérables*. Vous aurez au moins la thèse qui est soutenue dans la première partie de ce livre. Cette thèse est nettement exposée dans la préface. Il s'agit de montrer que les crimes des hommes et le déshonneur des femmes sont le fruit des institutions et des opinions qui représentent pour nous l'ordre social. En effet, quels sont les héros du récit? C'est un homme qui, flétri par la chaîne du bagne, traqué toute sa vie comme une bête fauve, n'en est pas moins un modèle d'abnégation, de dévouement, de charité, d'ineffable tendresse unie aux grandeurs du stoïcisme; c'est une femme qui, n'ayant plus rien à perdre sous le rapport de l'honneur, qui, ayant vidé jusqu'à la lie le calice de la honte, a cependant conservé au fond de son âme toutes les grâces et toute la pureté de la femme et de la mère. Sans nous laisser émouvoir par ce qu'il y a de révoltant dans ces deux propo-

sitions, examinons par quels moyens elles sont défendues et quel degré de vraisemblance elles acquièrent
dans l'œuvre même du poëte ; entrons un instant dans
ses fictions pour nous demander ensuite jusqu'à quel
point elles ressemblent à la réalité.

Jean Valjean était un honnête ouvrier de Faverolles,
émondeur de son état, qui nourrissait du fruit de ses
sueurs la veuve de son frère et ses six enfants ; je veux
parler de ses neveux. Un jour, le travail vient à lui
manquer, et avec le travail manque aussi le pain de
cette pauvre famille. Jean Valjean, ému de pitié et
aveuglé par le désespoir à la vue de ces orphelins mourant de faim, se rend un soir d'hiver devant l'étalage
d'une boulangerie, brise une vitre et emporte un pain.
Il est pris sur le fait, livré à la justice et condamné en
cour d'assises à cinq ans de travaux forcés. Le code est
formel : il y a eu vol commis avec effraction, pendant
la nuit, dans une maison habitée. Arrivé au bagne,
notre pauvre émondeur, ne pouvant résister à la
pensée que tous les siens sont dans l'abandon, et ne
trouvant dans sa conscience aucun motif de respecter
une sentence aussi inique, fait plusieurs tentatives
d'évasion ; à chaque fois, il est repris et réintégré dans
ses fers avec une aggravation de peine. Il arrive ainsi à
prolonger son supplice pendant dix-neuf ans. Rendu
à la liberté, il est devenu un scélérat de la plus dangereuse espèce, et les sentiments d'amertume qu'il a accu-
mulés dans son âme sont encore accrus par la répul-
sion qu'il rencontre le jour de sa sortie. Point de
travail, point d'asile, point d'abri pour reposer sa tête

et pour apaiser sa faim, à prix d'argent, même dans la plus vile auberge. Aussi est-il décidé à ne reculer devant aucun crime. Il en commet deux le même jour, de la nature la plus odieuse et la plus lâche. Il vole à un digne prélat, qui lui a donné l'hospitalité, ses couverts d'argent; il vole à un malheureux enfant, un pauvre petit Savoyard, la pièce de deux francs qui fait toute sa fortune. Heureusement l'évêque qu'il a ainsi payé d'ingratitude le désarme par sa charité plus qu'évangélique. Valjean, à la vue de ce saint homme et au son de ses angéliques paroles, sent fondre en lui son cœur de bronze; il est complétement régénéré, il est plus qu'un honnête homme, il est devenu un martyr et un héros. La conversion lui a porté bonheur; il fait fortune, il fonde dans une petite ville de magnifiques établissements, source de richesse pour tout le pays. On ne jure plus que par lui, on ne connaît plus que lui; mais il a changé de nom. Grâce à ce changement, il lui est permis de porter l'écharpe municipale; il est le maire de Montreuil-sur-Mer. Il serait, s'il le voulait (ô comble de gloire!) chevalier de la Légion d'honneur. Mais tout à coup il redescend l'abîme d'où il est sorti si laborieusement, et cela pour obéir à la loi du devoir. Un malheureux a été arrêté, qu'on prend pour l'ancien Valjean, l'échappé du bagne, le dangereux malfaiteur. Ce malheureux va être condamné aux travaux forcés à perpétuité quand lui, Valjean, vient se dénoncer à la justice, déclarer son nom et prouver son identité. Dès lors recommence sa vie de proscrit. Il est arrêté au chevet d'une mourante qu'il vient consoler;

il est reconduit au bagne, d'où il s'échappe de nouveau
pour accomplir une bonne œuvre. De nouveau il est
traqué par une police impitoyable ; de nouveau il est
proscrit, et ce n'est qu'à force de ruse, de patience, de
courage, d'énergie, qu'il parvient à accomplir le bien
qu'il a voulu et à élever, avec la tendresse d'une mère,
une pauvre orpheline.

Maintenant, je le demande, quel est le pays où se
passent de tels événements ? Assurément ce n'est pas
la France, car d'abord il n'existe pas en France une
petite ville comme Faverolles, où un honnête ouvrier,
connu par son activité, par son dévouement à une
veuve et à des orphelins, n'eût pas trouvé, en cas de
détresse, secours et protection. Ce n'est pas en France
qu'un homme aurait été condamné à cinq ans de travaux forcés pour avoir dérobé un pain sur l'étalage
d'une boulangerie, dans un moment d'égarement causé
par la misère et par la faim ; jamais la magistrature
française, jamais un jury français ou anglais n'aurait
prononcé une aussi odieuse et aussi absurde sentence ; jamais le Code pénal, si imparfait qu'il puisse
être, et l'on a pu voir que je n'en suis pas un admira-
teur fanatique, jamais le Code pénal n'a été interprété
d'une manière aussi brutale et aussi inintelligente. Ce
n'est pas non plus en France, malgré la sévérité des
cours maritimes, ni peut-être dans aucun autre pays
civilisé, que cinq ans de travaux forcés sont devenus,
par mesure de discipline, une condamnation à dix-neuf
ans de la même peine. Je défie qu'on me cite un seul
exemple d'une pareille rigueur. La suite de l'histoire

que je viens de résumer est bien plus incroyable encore.

Quoi ! voilà un homme qui a racheté sa vie passée par mille vertus, par mille bienfaits, par la prospérité substituée à la misère au sein d'une nombreuse population. Un acte de probité suprême, qu'on peut appeler un acte d'héroïsme, conduit cet homme à délivrer un innocent et à demander sa place dans le lieu d'infamie d'où il est sorti il y a vingt ans. Quel est le magistrat qui consentirait à le poursuivre et qui le pourrait d'ailleurs en présence de l'article 638 du Code d'instruction criminelle? Cet article, en effet, déclare qu'il y a prescription après dix ans pour les crimes qui peuvent entraîner uue peine afflictive et infamante. Cette supposition une fois détruite, tout l'échafaudage s'écroule, et de ce long tissu d'horreurs, il ne reste plus rien. Jean Valjean n'est pas arrêté, revêtu encore des insignes de la magistrature municipale, dans l'hôpital qu'il a fondé. Il n'est pas obligé d'enterrer sa fortune sous prétexte qu'il a encouru la peine de la mort civile. Il n'est pas obligé de se couvrir de haillons et de fuir de repaire en repaire devant la police, comme une bête fauve devant la meute et le chasseur. Non, la société n'est pas cet être féroce, inique et insensé que vous nous mettez sous les yeux; non, ses lois, si imparfaites qu'elles puissent être, ne sont pas impitoyables; non, ses juges ne sont pas des bourreaux, toutes ses opinions ne sont pas des préjugés, ses institutions ne sont pas des chaînes; il n'est pas vrai que les méchants soient ceux qu'elle honore comme d'honnêtes gens, et que les honnêtes gens soient condamnés au bagne.

L'histoire de la femme est tout aussi chimérique que celle de l'homme. Fantine (c'est son nom) n'a pas connu ses parents; elle est restée dès son plus bas âge livrée à elle-même. Née avec les sentiments les plus tendres et les plus délicats, elle est abandonnée par un homme qui l'a séduite et qui ne compte pour rien le dévouement qu'il lui inspire. Restée seule avec son enfant, elle se met au travail avec courage. Elle entre dans un atelier de femmes, précisément dans la petite ville dont Valjean est le maire; mais auparavant elle a confié sa fille à je ne sais quel immonde tavernier qu'elle a trouvé sur la grande route. Les exigences de cet homme s'accroissent tous les jours, et la malheureuse mère n'y peut plus suffire. De plus, la discipline de l'atelier dont elle fait partie est tellement sévère, qu'on n'y souffre pas une femme coupable de la plus légère faute. Celle de Fantine ne tarde pas à se découvrir, et elle est chassée ignominieusement. Alors elle est ou se croit obligée, pour suffire à ses besoins ou à ceux de son enfant, de descendre à la dernière abjection qui puisse atteindre une femme. Dans cet état, répondant à l'insulte d'un misérable par un acte de violence, elle est arrêtée et sur le point d'être conduite en prison, c'est-à-dire condamnée à l'inaction, condamnée à apprendre d'un jour à l'autre que sa fille est morte de maladie ou de faim. Cette pensée seule lui porte un coup funeste; les secours arrivent trop tard, et ils arrivent, comme on le pense bien, par la main de Valjean. Au moment où une nouvelle vie s'ouvre devant elle, au moment où elle va revoir sa fille bien-aimée, Valjean est arrêté au pied même de son lit; la phthisie achève son œuvre de destruction, elle expire et va rejoindre ses pareilles, dans la fosse commune.

Ici encore, je demande dans quel pays nous sommes, dans quel temps nous vivons. Il y a des enfants abandonnés, sans contredit, mais la charité publique les recueille, et après tout Fantine a été recueillie au moins pendant quelque temps; car elle a vécu, elle a appris un état, elle sait lire et écrire, elle est devenue une jeune fille pleine de beauté et de grâce. Est-ce la misère qui l'a perdue? Non, puisqu'on dit qu'elle a aimé, puisqu'on nous apprend qu'elle s'est donnée par amour! Or, est-il possible d'imaginer que de toutes ses protectrices et institutrices, car elle en a eu, pas une seule ne lui ait appris qu'une femme doit se respecter elle-même si elle veut être respectée des autres, et qu'il existe dans le monde une sainte institution qu'on appelle le mariage? que c'est par cette porte et non par une autre qu'arrive près d'une jeune fille un jeune homme qui l'aime sincèrement et qui souhaite être l'ouvrier de son bonheur? Est-ce qu'une jeune fille honnête et intelligente, comme on nous montre Fantine, a besoin d'apprendre de qui que ce soit cette vérité élémentaire? Ce n'est donc pas tout à fait sans avoir failli qu'elle tombe dans l'adversité, à moins qu'on ne veuille soutenir que l'amour sans le mariage doit être la règle de l'avenir, et offre à la famille et à la société une base suffisante. Jusqu'à ce que cette proposition soit démontrée, je me permets d'élever quelques objections contre certains jeunes ménages du quartier Latin. Quoi qu'il en soit, voilà Fantine devenue mère et mère excellente. Mais quelle est la bonne mère qui confie son enfant au premier venu sur la grande route? quelle est aussi l'ouvrière irréprochable dans son travail, dans ses mœurs, dans toute sa conduite, qu'on renvoie d'un atelier de femmes parce qu'elle a un enfant, auquel elle se sacrifie tout entière? Une femme renvoyée d'un atelier est-elle donc obligée de chercher des ressources dans la dernière honte, et de se plonger immédiatement dans la boue des rues et des places publiques? Enfin, même les femmes de cette espèce sont-elles poursuivies par les lois, par la police avec une rigueur féroce, surtout quand elles font preuve d'un reste d'honnêté et de pudeur; surtout quand leur chute peut s'expliquer, sinon s'excuser par les erreurs de la tendresse maternelle? On m'a raconté qu'un commissaire de police, trouvant une de ces malheureuses disposée à faire des économies dans l'intérêt de son enfant, la conduisit lui-même au bureau de la caisse d'épargne, où elle n'osait pas se présenter. L'éloquente prière que Fantine adresse à Javert ne serait pas restée sans effet. Il est donc permis de dire que, dans cette seconde peinture, comme dans la première, M. Hugo a calomnié la société, et non-seulement la société, mais l'individu, je veux dire la nature humaine. C'est calomnier la nature humaine que de lui ôter le mérite de ses vertus et la responsabilité de ses fautes. C'est calomnier la nature humaine que de lui ôter la conscience et la liberté ; c'est la calomnier de sou-

tenir que, dans quelque circonstance que ce soit,
l'honneur, la probité, la bonne foi, la pudeur, peuvent être sacrifiés, sans qu'il y ait un autre coupable
que la société. Par quel miracle, quand l'individu
n'est pas responsable, la société le serait-elle? Un être
collectif, un être abstrait comme la société, aurait-il
plutôt la conscience de lui-même et le sentiment de
son libre arbitre que la personne humaine? Cette proposition se réfute elle-même; elle est insoutenable
à tous les points de vue, et, comme on ne peut cependant se refuser à l'admettre avec les récrimina-
tions qui la supposent, cela suffit pour détruire la thèse
de M. Hugo.

Une seule chose reste vraie dans les sombres tableaux
que déroule sous nos yeux l'auteur des *Misérables* :
c'est la rigueur avec laquelle l'opinion poursuit ceux
que la justice a frappés, c'est l'inflexible obstination
avec laquelle tous les cœurs et toutes les portes restent
fermés devant eux; c'est la barrière insurmontable qui
les arrête quand par hasard ils veulent rentrer dans le
bon chemin. M. Hugo a raison de s'indigner contre
cette injustice. Il a raison d'émouvoir les âmes sur le
sort de ces damnés de la terre, qu'aucun acte de repentir ne peut racheter, et pour qui le repentir même
est devenu impossible. Il a raison de faire jouer en leur
faveur, avec la force qu'on lui connaît, tous les ressorts
de la pitié. Mais est-il nécessaire, pour venir à leur
aide, de bouleverser de fond en comble l'ordre social,
de changer les lois, les gouvernements, les institutions,
les croyances? Non, ce sont plutôt ces forces qu'il

faudrait appeler au secours de la cause qu'on veut défendre, et plus cet appel sera modéré, plus il sera exempt d'exagération et d'injustice, plus tôt et plus sûrement il sera entendu.

TROISIÈME PARTIE.

CHAPITRE PREMIER.

DE LA PEINE EN GÉNÉRAL.

Après avoir montré quels sont les principes et les limites du droit de punir; après avoir passé en revue les actions qui tombent sous la puissance de ce droit, c'est-à-dire les différents genres de délits et les caractères qui les distinguent les uns des autres, les circonstances qui les recommandent à la sévérité ou à l'indulgence du législateur, nous arrivons à la partie la plus difficile et la plus obscure du droit pénal : je veux parler de la peine. Quand il s'agit de discuter d'une manière générale le pouvoir de la société sur ceux qu'elle est autorisée à considérer comme ses ennemis, nous pouvons en appeler aux principes immuables de la conscience humaine, aux idées sur lesquelles reposent l'ordre moral et la justice. Il en est de même quand il faut déterminer les caractères et les conditions du délit; car il suffit alors d'avoir le discernement du bien et du mal et de savoir distinguer entre les actions qui relèvent de la seule conscience ou de la justice ab-

solue et celles qui intéressent la conservation de l'ordre
social. Mais comment se décider entre plusieurs peines,
entre plusieurs souffrances qui peuvent servir également
à la société de moyen de répression et de défense?
Pourquoi l'amende, la prison, les travaux forcés plutôt
que l'exil, le bannissement, les châtiments corporels?
pourquoi ces châtiments plutôt que d'autres empruntés
à l'ordre civil, à l'ordre politique? Ne semble-t-il pas
qu'ici tout soit variable et même arbitraire? Ne semble-
t-il pas que les formes de la pénalité doivent se modifier suivant les temps, suivant les pays, suivant les races,
suivant les mœurs, suivant les degrés de la civilisation
et même suivant le caractère et l'éducation des individus? Oui, sans doute, toutes ces circonstances doivent être présentes à l'esprit du législateur et exercer
une influence réelle sur la justice pénale; mais le choix
de la peine doit aussi être soumis à des règles souveraines, puisées dans la raison, à des principes absolus,
empruntés au droit naturel.

Le premier de ces principes, c'est que la peine ne
doit pas excéder les limites où est renfermé le droit de
punir, ou le but de la justice pénale. Or, le but de la
justice pénale n'est pas l'expiation, mais la répression
et la réparation. Par conséquent, il y a un maximum
de rigueur que la loi ne doit pas dépasser, dès qu'il est
démontré par l'expérience ou par la raison, par les lois
générales de la nature humaine, qu'il offre un contre-
poids suffisant aux plus grands crimes, aux plus redou-
tables excès de la perversité. Admettons un instant que
ce maximum soit la peine de mort (nous examinerons

tout à l'heure si l'on peut aller jusque-là) ; dès lors tous les supplices qui ont pour but, non de trancher les jours du coupable, mais de prolonger son agonie et d'augmenter ses souffrances, sont autant d'attentats qu'on peut reprocher à la société, autant d'exemples de férocité et de violence que la loi elle-même donne au crime. Quand on songe à ce qu'était la loi pénale il y a seulement un siècle, chez les peuples les plus civilisés, il est impossible de trouver exagérées ces paroles de Rossi : « Les législateurs ont joué au plus méchant et au plus féroce avec les malfaiteurs. Avouons-le, ils ont été plus d'une fois les vainqueurs dans cette épouvantable lutte. Rien n'a été respecté, ni le caractère sérieux de la justice, ni l'humanité, ni la pudeur (1). »

Dans les bornes mêmes où nous venons de la circonscrire, la peine doit être strictement proportionnée au délit et choisie de telle sorte que, dans la mesure où le permet la nature des choses, la nature des lois, la constitution de la famille, elle ne pèse jamais que sur la personne du coupable. En un mot, la peine doit être proportionnelle et personnelle. Elle sera proportionnelle si l'énergie de la répression ou la crainte qu'elle inspire est suffisante pour neutraliser la puissance de la tentation. Elle sera personnelle si elle n'atteint pas, au moins par la volonté du législateur, l'innocent avec le coupable. Il résulte de là que rien n'est plus odieux que la peine de mort autrefois infligée au vol, et que la peine de la confiscation et la mort civile, consacrées

____

(1) *Traité de droit pénal*, édit. de 1826, t. III, p. 165.

l'une et l'autre par le Code pénal, mais heureusement
abolies, la première par la charte de 1814, la seconde
par la révolution de 1848. Par la confiscation, on punit
les enfants pour la faute du père, on punit la femme
pour la faute du mari, on punit toute une famille, on la
réduit à la misère et au désespoir pour la faute d'un
seul homme. Par la mort civile, on déchire les liens
que la nature a déclarés indissolubles; on frappe un
coupable dans les sentiments honnêtes qui lui restent
encore, dans ses affections les plus légitimes et les plus
saintes; on le force à ne plus voir dans sa femme et
dans ses enfants que des étrangers, des indifférents; on
punit la femme innocente, les enfants innocents, dans
le dévouement, la tendresse, le respect qu'ils conservent encore, après sa déchéance, à celui dont ils ne peuvent séparer ni leur destinée ni leurs cœurs, à celui
qui le plus souvent s'est perdu pour eux, et qui mérite
au moins, quoique par des moyens réprouvés, leur reconnaissance. On offre un appât à l'ingratitude, à la
licence et à la cupidité, en permettant à la femme de
contracter un autre mariage et en ouvrant pour les enfants la succession de leur père encore vivant. Grâce au
ciel, grâce à l'Assemblée nationale de 1848, cette abo-
mination a disparu de notre pays.

Il ne faut cependant pas nous faire trop d'illusion, la
peine n'est presque jamais entièrement personnelle. Le
coupable que la loi a frappé a un père et une mère, il
a une femme et des enfants, il a une famille, il a des
proches; il n'est pas sorti d'un rocher ou d'un arbre.
Or, comment empêcher que ceux qui lui appartiennent

ne souffrent de sa honte, de sa détresse, de sa captivité, de la misère où peut le plonger une simple amende ou un emprisonnement de quelques mois? La solidarité est dans la loi, elle est dans la peine, parce qu'elle est dans la société; elle est dans la société, parce qu'elle est dans la famille; elle est dans la famille, parce qu'elle est dans la nature et dans le cœur de l'homme. Ce serait un malheur si elle n'existait pas, car l'homme sans elle serait un être dépourvu d'âme et d'entrailles, incapable d'affection et de dévouement. C'est par exception qu'elle fait notre tourment. En général, elle est notre honneur, notre joie et notre force. Aussi n'est-ce point cette solidarité naturelle et morale qui est condamnable, mais la solidarité artificielle et inique qui confond dans une même sentence l'innocent avec le coupable.

La peine, pour être juste, doit être proportionnée non-seulement à la gravité du délit, mais à la situation particulière du coupable, je veux dire à ses moyens et à ses forces. Ainsi, par exemple, tout le monde admettra, et la loi en cela est d'accord avec l'opinion, qu'une femme, lorsqu'il s'agit de châtiments corporels, ou pour parler comme le Code, de peines afflictives autres que la mort, ne doit pas être soumise au même traitement qu'un homme, parce que la nature l'a rendue plus faible. Pourquoi, dans les cas où la loi prononce l'amende, l'amende serait-elle la même pour le pauvre que pour le riche? Mille francs d'amende pour un millionnaire, c'est une misérable obole dont la privation n'est pas sentie, c'est une miette tombée de la table de Balthasar. Pour le pauvre, qui gagne son pain à la

sueur de son front, qui vit de son travail au jour le
jour, c'est une véritable confiscation, c'est une calamité effroyable qui pèsera sur toute sa vie et sur l'avenir
de sa famille; ce sont des années de soucis et de misère, non-seulement pour lui, mais pour sa femme et
ses enfants. J'en dirai autant de la prison. Qu'est-ce
que quelques mois de captivité pour un riche oisif qui,
grâce à l'institution de la pistole, sera logé commodé-
ment et se nourrira selon ses goûts? Pour ce malheureux dont je parlais tout à l'heure, c'est la ruine, c'est
la perte de ses moyens d'existence, c'est l'abandon de
ses enfants, c'est l'abandon et souvent le déshonneur
de sa femme et de ses filles. A plus forte raison, est-il
injuste de substituer à l'amende que le pauvre ne peut
pas payer l'emprisonnement, c'est-à-dire une peine
d'un autre ordre, d'une nature beaucoup plus grave et
d'un caractère plus déshonorant. N'est-ce pas punir le
pauvre de sa pauvreté même? N'est-ce pas ériger la
pauvreté en crime et la châtier à la fois par la honte et
par la perte de la liberté? Au pauvre qui ne peut payer
l'amende, demandez quelques journées de travail au
profit de la commune, du département ou de l'Etat: ce
sera beaucoup plus encore que l'argent du riche; mais
ne laissez pas subsister dans un pays civilisé, dans un
pays chrétien, cette inégalité odieuse et corruptrice.
Par un moyen ou par un autre, il faut qu'elle disparaisse comme la marque, la confiscation et la mort
civile : elle n'a déjà que trop duré. Quant à une répartition plus équitable de l'amende et de la prison suivant
les moyens d'existence, suivant la fortune des coupa-

bles, elle est plus difficile à réaliser, mais elle n'est pas irréalisable.

Voilà déjà, pour la solution de la question que nous traitons en ce moment, et qui nous a paru d'abord, si l'on me permet cette expression, si complétement empirique, voilà un certain nombre de règles qui toutes dérivent de l'idée du droit, de la justice, et dont aucune ne peut sérieusement être contestée.

Il ne faut pas que la peine aille au delà du but même de la justice pénale, ou qu'elle excède les droits de la société.

Il faut qu'elle soit personnelle, et non solidaire entre le coupable et l'innocent.

Il faut qu'elle soit proportionnée à la gravité du délit.

Il faut qu'elle s'abaisse ou s'élève, selon les moyens et les forces de celui qui est condamné à la subir.

Voici un principe nouveau, qui ne le cède pas en importance et en autorité à tous ceux que nous venons de développer : il faut que la peine soit en rapport non-seulement avec la gravité, mais avec la nature du délit, ou que la nature du délit et la nature de la peine aient autant que possible de l'analogie l'une avec l'autre. Ainsi il y a des délits politiques et des délits civils ; il y a les délits de la parole ou de la presse, et ceux de l'action ; il y a les délits qui attaquent les mœurs ou qui détruisent la famille, et ceux qui viennent de la cupidité et de la violence. Il ne faut pas que les uns soient réprimés de la même manière que les autres ; il faut qu'ils gardent entre eux, dans la loi pénale, la même distance et la même distinction que dans la conscience, autrement on arrive nécessairement à l'arbitraire et à la confusion ; la justice pénale n'est plus un enseignement, mais une œuvre de hasard, une institution de la force, et ses arrêts n'obtiennent plus la sanction de l'opinion publique, parce qu'ils la blessent ou la corrompent. Il suffit, pour faire ressortir la vérité et la portée de ce principe, de deux exemples : l'adultère et les délits de presse.

Dans l'un et l'autre cas, la loi prononce la peine de l'emprisonnement. Mais d'abord quelle analogie et quelle proportion y a-t-il entre quelques mois de prison et une action aussi criminelle que celle qui détruit, qui dissout, qui empoisonne la sainte institution du mariage et de la famille ? C'est la passion qui est coupable ici, et quelle est la passion qui, pour se satisfaire, n'accepte pas d'avance une courte captivité, très-souvent rachetée par une sorte d'auréole ? En effet, la honte, s'il y en a dans l'état actuel de nos mœurs, s'attache au front du mari et non de l'amant. La seule répression efficace et légitime consisterait ici à frapper le coupable dans les droits qu'il a méconnus et insultés. Violateur du sanctuaire de la famille, il devrait être privé de la tutelle de ses enfants, remise aux mains de sa femme outragée, et à plus forte raison de la tutelle des enfants d'autrui. Il faudrait l'exclure des conseils de famille et de toute fonction publique qui exerce une influence sur l'éducation et sur les mœurs. Je voudrais qu'il ne pût faire partie du corps enseignant ni du jury, parce que le jury est souvent appelé à prononcer sur le délit même dont il s'est rendu coupable ; ni d'aucune magistrature municipale, parce que le maire et ses adjoints représentent la loi et la société devant les couples qui contractent les obligations du mariage. Je le déclarerais même indigne d'un office d'avoué ou de notaire, parce que ces officiers ministériels sont les dépositaires du secret des familles ; enfin, je lui interdirais, au moins pour un temps, la pratique de la médecine, car le médecin, plus encore que le notaire, et presque autant que le confesseur, exerce un sacerdoce intime.

La peine de l'empoisonnement n'est pas moins en désaccord avec les délits de la presse, qu'il est presque permis de considérer comme des délits de la pensée. Sans doute les délits de presse, surtout quand il y a une liberté de la presse soumise à l'autorité de la justice et des lois, et non pas au pouvoir discrétionnaire du gouvernement, les délits de la presse peuvent causer un grand dommage à la société, aux lois, à l'ordre, à la paix publique ; mais jamais la conscience morale n'admettra qu'ils doivent être réprimés de la même manière que les crimes les plus vils, que les tentatives de vol et de meurtre, que les actes d'escroquerie ou de violence. Ici encore il y a une peine indiquée par la nature de la faute, et que tout le monde trouvera juste, parce qu'elle défendra la société sans déshonorer le coupable pour un acte qui n'a lui-même rien de déshonorant. Voici un homme dont les opinions, dont les passions politiques ne peuvent se concilier avec les lois, avec les institutions, avec le gouvernement de son pays; eh bien ! qu'il aille vivre ailleurs, au moins pendant quelque temps ; qu'il aille chercher sous un autre ciel, sous un autre gouvernement, sous d'autres lois, le calme ou la satisfaction d'esprit qui lui manquent. Remplacez la prison par le bannissement ou un exil plus ou moins long, suivant la gravité du délit. C'est ainsi qu'en usaient les anciens pour les abus de l'éloquence ou pour les hardiesses de la poésie, qui remplaçaient chez eux les journaux et les brochures. Il ne leur serait pas venu à l'esprit de traiter un orateur, un tribun, un poëte, comme un escroc et un voleur. Ils rougiraient pour nous de la manière dont nous traitons nos écrivains. La peine de l'exil est peut-être plus sévère que celle d'une courte captivité, mais elle est plus digne d'un citoyen, elle convient mieux à un peuple libre.

L'analogie de la peine et du délit doit être tout intérieure, toute morale, et non purement matérielle, comme celle que recherchait autrefois la justice criminelle ou celle que Dante nous montre en action dans les chants de l'*Enfer*. L'analogie morale est celle dont nous venons de montrer quelques applications, celle qui consiste à priver un coupable du droit qu'il a méprisé, qu'il a violé dans les autres. L'analogie matérielle consiste à copier le délit même qu'elle est destinée à punir ; elle fait entrer dans la punition les mêmes moyens dont on s'est servi pour accomplir le crime, ou quelque chose qui en est comme la figure ou la représentation extérieure. C'est ainsi qu'autrefois on perçait la langue aux blasphémateurs, qu'on coupait le poing aux parricides, qu'on brûlait les sorciers et les hérétiques sous prétexte qu'ils alimentaient le feu de l'enfer. C'est ainsi que Dante nous montre les hypocrites couverts d'une

chape de plomb, les amants coupables emportés éternellement dans un même tourbillon. Mais ce n'est point
là qu'on trouvera l'essence de la justice ; ce n'en est que
le simulacre, tantôt sanglant et tantôt ridicule. La dernière conséquence de ce principe est la loi du talion.

L'analogie morale entre le délit et la peine nous conduit à un principe plus général, dont l'analogie elle-
même peut être considérée comme une application et
une conséquence. Ce principe, le voici : L'homme, jusqu'au sein de la plus profonde dégradation, reste toujours une créature humaine, un être moral, un être doué
de conscience, de raison, de liberté, qui, sans jouir actuellement de ces facultés oblitérées par le crime, peut
les recouvrer d'un instant à l'autre sous l'aiguillon de la
souffrance, de la honte ou du repentir. Or, il n'est pas
permis d'en user avec une créature humaine comme
un homme sensé n'userait pas d'une chose ou d'une
bête de somme. Il faut que la peine qu'on lui inflige
ait sa raison d'être dans sa nature ; il faut qu'elle l'atteigne d'abord dans son honneur, puisque l'honneur,
tel qu'on l'entend dans les relations sociales, n'est que
l'estime des autres, l'estime de la société entière, dont
il est devenu indigne par sa faute et qu'il ne doit plus
reconquérir que par une vie tout à fait nouvelle, après
avoir payé sa dette à la loi. Il faut qu'elle l'atteigne dans
les droits qu'il a voulu enlever aux autres, afin de lui
apprendre par là que les droits sont réciproques, et que
nul n'est admis à les revendiquer qui les méconnaît
dans ses semblables. Il faut qu'elle l'atteigne dans l'usage
des mêmes facultés, des mêmes biens, qui sont deve-

nus entre ses mains un danger pour ses concitoyens et pour la société entière. La société lui dira, par l'organe de la loi : « Tu as mal usé de ta liberté, tu t'en es servi contre moi ; tu seras privé de ta liberté jusqu'à ce que tu aies eu le temps d'en comprendre le prix pour toi-même et pour les autres. Tu as mal usé de tes forces, tu t'en est servi comme d'un instrument de violence pour opprimer, pour maltraiter tes semblables, pour jeter le trouble dans mon sein ; elles sont devenues un danger public, je m'en empare pour les comprimer et les affaiblir, jusqu'à ce que le remords et la contrainte aient fait de toi un autre homme, ou bien jusqu'à ce que le remords et la contrainte aient rétabli en toi l'homme à la place de la bête féroce. » Enfin, dans les temps où la férocité des mœurs oblige la loi à la plus extrême rigueur ; dans les temps où les moyens de répression ordinaires sont une garantie insuffisante, la société, par l'organe de la loi, peut dire au meurtrier, à celui qui a versé le sang avec préméditation : « Ta vie est devenue un danger pour celle de tes semblables, puisque tu ne leur reconnais pas le droit de vivre ; elle cesse d'être sacrée pour moi, puisque tu n'en fais qu'un criminel usage, elle cesse par là de t'appartenir à toi-même ; je la sacrifie à mon droit, à ma sécurité et à mon repos. »

La peine, ainsi comprise, cesse entièrement d'être arbitraire ; elle cesse d'être capricieuse et violente, elle rentre entièrement dans les lois de la justice, de la raison, de la réparation légitime, et elle devient par là même un moyen d'instruction autant que d'intimidation, un moyen d'amendement pour le coupable : car le premier moyen d'amendement, c'est le sentiment même de la justice passant de la loi pénale dans la sentence du juge, et de la sentence du juge dans le cœur du coupable. Mais à ce moyen peuvent s'en joindre d'autres : par exemple, l'instruction, que le coupable, isolé de ses pareils, reçoit de la partie saine de la société ; le travail, qui le soustrait, pendant l'emprisonnement correctionnel, à la corruption de la captivité et de la solitude ; le travail plus rude, qui, dans la répression criminelle, dompte les passions d'une nature corrompue et les instincts de la brute. Les effets régénérateurs du travail, dans lesquels entre naturellement le sentiment de l'ordre, de la discipline, de la règle, seront augmentés encore s'ils sont consacrés au bien commun de la société et si la société les réclame comme une dette légitime. La société est admise à dire au condamné : « Tu m'obliges, à cause de tes crimes, à te garder, à te loger, à te nourrir, à te vêtir, à entretenir une légion de geôliers, de préposés, d'agents de la force publique, il est juste que tu me dédommages, autant qu'il est en toi, des sacrifices que tu m'as imposés. » Après la justice viendra la libéralité ; elle rendra au criminel, à l'expiration de sa peine, une partie de l'argent qu'il a gagné ; elle le confiera à quelque société de patronage, comme il en existe déjà pour les jeunes détenus, jusqu'à ce qu'il soit rentré dans les voies régulières de la vie, jusqu'à ce qu'il ait trouvé, ou dans la mère patrie, ou dans une colonie consacrée à cet usage, des moyens assurés d'existence.

Avec cette règle d'humanité et de justice, adieu les abominations et les horreurs dont se composait autrefois le système pénal : plus de mutilations comme celles qui se pratiquent encore dans l'empire russe ; plus de flagellations comme celles qui sont encore en usage, je ne dis pas en Asie, mais en Autriche et en Angleterre ; plus de flétrissures ineffaçables, plus de marques infamantes imprimées à perpétuité sur l'épaule, sur le front ou sur la joue. Le seul effet de ces cruautés, c'est non-seulement de perdre à jamais le condamné, de lui fermer à jamais le sein de la société, mais de corrompre et d'avilir la nature humaine.

CHAPITRE II.

DE LA PEINE DE MORT.

Toutes les facultés naturelles ou sociales dont on s'est servi contre elle, la société est autorisée à les limiter, à les suspendre, à les supprimer même, si cela est nécessaire, dans l'individu qui en a fait ce criminel usage. Mais le droit de la société contre l'individu qui se place dans cette condition peut-il s'étendre jusqu'à la vie elle-même ? La peine de mort est-elle un moyen de répression et de réparation légitime ? Telle est la question par laquelle je veux terminer ces études.

Cette question, comme on l'imagine facilement, n'est pas née d'hier. Elle excite, depuis plus d'un siècle, dans une égale mesure, l'attention des philosophes, des jurisconsultes, des législateurs et même des souverains. Elle est entrée profondément dans le domaine des faits.

Elle a son histoire, dont la connaissance est indispensable à celui qui en veut posséder tous les éléments, et
qui désire, selon les règles d'une discussion impartiale,
l'embrasser sous toutes ses faces. C'est cette histoire
que je veux d'abord mettre sous les yeux.

Pas une seule voix, pendant toute la durée de l'antiquité et du moyen âge, ne s'est élevée contre la peine
de mort ni contre les nombreuses applications qu'en
faisaient les législateurs, ni contre les supplices abominables dont elle était accompagnée pour certains crimes. On a remarqué que dans les récits de la Genèse le
premier meurtrier n'est pas condamné à mourir, mais
à errer sur toute la terre, le front marqué du sceau de
l'infamie: cela n'empêche pas les lois de Moïse de consacrer la peine de mort. L'Évangile ordonne de rendre
le bien pour le mal, de tendre la joue gauche à qui nous
a frappé sur la joue droite, de donner notre manteau à
qui nous a pris notre tunique: cela n'a pas empêché les
Pères et les docteurs de l'Église d'admettre, au moins
par leur silence, la légitimité de la peine de mort; cela
n'a pas empêché les législateurs chrétiens du moyen âge
de se montrer, pour cette suprême rigueur, d'une pro-
digalité sans exemple, et d'y ajouter d'autres rigueurs
dont le souvenir seul nous fait frissonner d'horreur et
d'épouvante.

Ce n'est qu'à partir du xvie siècle, quand la renaissance des lettres et des arts semble avoir quelque peu
adouci les mœurs, que nous entendons diverses pro-
testations contre le nombre et la cruauté des supplices.
Thomas Morus, dans la première partie de son *Utopie,*

s'applique à montrer ce qu'il y a d'odieux et tout à la fois d'impolitique à réprimer le vol par la même peine que l'assassinat. Jean de Wier, un médecin philosophe, représente les prétendus sorciers comme des malades, comme des hallucinés qu'il faut guérir, et non comme des scélérats qu'il faut brûler. C'est contre lui que Jean Bodin a écrit son livre exécrable et insensé de la *Démonomanie*. Un magistrat courageux, dont le nom mériterait d'être plus connu, Augustin Nicolas, éleva la voix, au milieu du xviie siècle, contre l'usage de la torture. Le traité de Westphalie, sans mettre un terme aux persécutions religieuses, puisque les dragonnades et la révocation de l'édit de Nantes sont d'une époque plus récente, a éteint dans toute l'Europe, excepté en Espagne, les bûchers autrefois allumés pour les hérétiques. Mais la peine de mort occupe toujours une très-grande place dans les lois et dans les arrêts de la justice. Personne, avant le xviiie siècle, n'avait songé à attaquer le principe même de cette peine.

C'est à Beccaria qu'appartient cet honneur. Il a été le premier champion d'une doctrine qui pénètre aujourd'hui, à leur insu, les esprits même les plus rebelles, et devant laquelle avaient reculé les plus audacieux génies de leurs temps, un Voltaire, un Montesquieu, un Rousseau. Il y a plus, l'auteur du *Contrat social*, au nom de l'hypothèse qu'il avait empruntée à Hobbes et que Hobbes lui-même avait empruntée à Mariana, au nom du pacte primitif dont il fait dériver tous nos devoirs et tous nos droits dans l'état de société, s'efforce de prouver la légitimité de la peine de mort: « Tout malfaiteur, dit-il (1), attaquant le droit social, devient par ses forfaits rebelle et traître à la patrie ; il cesse d'en être membre en violant ses lois, et même il lui fait la guerre..... Il doit en être retranché par l'exil comme infracteur du pacte, ou par la mort comme ennemi public ; car un tel ennemi n'est pas une personne morale, c'est un homicide, et c'est alors que le droit de la guerre est de tuer le vaincu. » Montesquieu ne va pas aussi loin ; il n'admet pas la peine de mort contre tous les malfaiteurs, mais seulement contre les assassins, et encore à titre de remède, non à titre de droit absolu et immuable : « Un citoyen, dit-il (2), mérite la mort lorsqu'il a ôté la vie ou qu'il a entrepris de l'ôter. Cette peine de mort est comme le remède de la société malade. » C'est précisément en s'appuyant sur le principe de Rousseau que Beccaria arrive à un résultat tout opposé. L'homme n'est pas le maître de sa propre vie, il n'a aucun droit d'en disposer, il n'est pas libre d'y renoncer quand il lui plaît ; comment donc pourrait-il l'aliéner entre les mains de ses semblables ? comment pourrait-il abdiquer entre les mains de la société un pouvoir qui ne lui appartient pas ? La vie est donc absolument inviolable, ni la société, ni l'individu ne peuvent y porter atteinte.

Dans un temps avide de nouveauté et où les sentiments naturels d'humanité, de pitié, tendaient à détrôner les traditions impitoyables des âges précédents,

---

(1) *Contrat social*, liv. II, chap. LIX.
(2) *Esprit des lois*, liv. XII, chap. IV.

cette idée rencontra de chaleureux partisans, non-seulement parmi les publicistes et les philosophes, mais parmi les souverains et les hommes d'État. Léopold Ier, duc de Toscane, abolit la peine capitale dans ses États. Son exemple fut suivi par Élisabeth, impératrice de Russie, et par Catherine II. On ne dit pas que les deux czarines aient aboli en même temps le supplice du knout, de la plethe et des verges, qui leur offraient un ample dédommagement. Joseph II avait essayé d'introduire la même réforme dans son vaste empire ; mais devant la révolte des Pays-Bas, il ne tarda pas à y renoncer.

On comprend qu'une entreprise aussi généreuse ne devait pas rester étrangère, après la révolution de 1789, aux assemblées politiques de la France. En effet, en 1791, le comité de législation et de constitution, chargé de préparer un nouveau Code pénal, ne manqua point, par l'organe de Lepelletier Saint-Fargeau, son rapporteur, de proposer à l'Assemblée l'abolition de la peine de mort. Mais, chose étrange ! en demandant l'abolition de la peine de mort en matière civile, le comité était d'avis de la conserver en matière politique, non comme peine, mais comme moyen de défense. « Le citoyen, dit le rapporteur, qui aura été déclaré rebelle par un décret du Corps législatif, ce citoyen doit cesser de vivre, moins pour expier son crime que pour la sûreté de l'État. » Nous trouvons dans ces paroles le système qu'adoptera plus tard la Convention nationale ; il nous montre combien à cette époque les esprits étaient mal préparés à un pareil changement, et quelle distance il y avait entre les idées et les passions. Aussi, malgré les efforts de Pétion, malgré l'éloquent et habile plaidoyer de Duport, la proposition du comité de législation fut rejetée presque à l'unanimité, et il faut ajouter, hélas! aux applaudissements des tribunes.

L'incident le plus curieux de la mémorable séance où ces faits se passèrent, c'est le discours de Robespierre, un discours plein de passion, et l'on peut même dire de violence, en faveur de l'humanité et de la miséricorde, en faveur de l'abolition de l'échafaud: « Aux yeux de la vérité et de la justice, dit cet étrange apôtre de la mansuétude, aux yeux de la vérité et de la justice, ces scènes de mort que la société ordonne avec tant d'appareil ne sont autre chose que de lâches assassinats, que des crimes solennels commis, non par des individus, mais par des nations entières, avec des formes légales. » — « Ravir à l'homme, dit-il encore, la possibilité d'expier son forfait par son repentir ou par des actes de vertu ; lui fermer impitoyablement tout retour à la vertu, à l'estime de soi-même ; se hâter de le faire descendre pour ainsi dire dans le tombeau encore tout couvert de la tache récente de son crime, est à mes yeux le plus horrible raffinement de la cruauté. » Que se passait-il dans l'âme de Robespierre au moment où il prononçait ces paroles ? Était-il sincère ? Voulait-il seulement attirer sur lui les regards ? Personne ne pourrait le dire. Tout ce qu'on peut affirmer, c'est que s'il était vrai qu'il eût senti ce jour-là un mouvement de pitié ou de tendresse, il en aurait tiré, quelques mois plus tard, une cruelle vengeance.

La Convention nationale entra plus résolûment dans

cette voie : avec la même majorité qu'avait obtenue la décision de l'Assemblée constituante, elle décréta que « la peine de mort serait abolie dans toute l'étendue de la République française. » Il est vrai qu'elle mettait pour restriction à ce décret qu'il ne serait exécutoire qu'à partir du jour de la publication de la paix générale, et lorsqu'elle le rendit, le 14 brumaire de l'an IV, elle était arrivée non-seulement au dernier jour, mais à la dernière heure de son existence ; elle avait accompli l'œuvre de la Terreur et la réaction du 9 thermidor ; son cœur pouvait être satisfait. Il est cependant impossible de croire que la Convention ait voulu s'assurer la faveur populaire aux dépens du gouvernement qui lui succédait, car d'abord ce gouvernement était son ouvrage, c'était l'application de la constitution républicaine qu'elle venait de fonder ; ensuite elle s'y était fait la part du lion, puisque les deux tiers des Assemblées nouvelles devaient être choisis dans son sein. Non, le dernier acte de sa vie était l'expression de sa conscience ; mais elle cédait sans le savoir à deux inspirations contraires : à son système philosophique, qui réclamait l'abolition de la peine capitale, et à ses passions politiques, à ses entraînements révolutionnaires, qui ne lui permettaient pas de renoncer à l'instrument terrible dont elle s'était servie à la fois comme d'un moyen de gouvernement et comme d'une arme de guerre. La preuve qu'il en est ainsi, c'est que le projet de décret qu'elle adopta en l'an IV fut apporté à la tribune par Condorcet, le 23 janvier 1793, c'est-à-dire le lendemain de l'exécution de Louis XVI. La Convention nationale commettait une double faute : en flétrissant la peine de mort comme un crime social, après en avoir fait pendant trois ans, dans les situations les plus opposées, un si monstrueux abus, elle rendait d'autant plus odieux le souvenir de son règne ; en conservant la peine de mort comme un moyen de défense absolument nécessaire contre certains crimes, contre ceux-là précisément qui sont le plus dignes d'indulgence et qu'on réussit le moins à intimider, contre les crimes politiques, elle accordait à ses adversaires le droit de la garder pour tous les autres ; car si la crainte du dernier châtiment ne peut rien ou peu de chose contre les idées, contre les principes, contre l'ambition du pouvoir ou le fanatisme des partis, elle exerce au contraire une action incontestable sur les attentats qui n'ont pas d'autre mobile que l'intérêt.

Aussi qu'est-il arrivé? La peine de mort a été prodiguée outre mesure dans le Code pénal de 1810. Il y a, si je ne me trompe, jusqu'à vingt-deux cas auxquels le nouveau législateur l'a rendue applicable. Crimes politiques et crimes civils, assassinat, infanticide, fausse monnaie, incendie, même quand il n'y a point de danger pour les personnes ; rien n'est oublié dans cette sombre nomenclature, pas même la mutilation infligée aux parricides et aux régicides, et que la Constituante avait eu le bon esprit de repousser. Plus tard, on y joignit le sacrilége avec cet abominable commentaire de M. de Bonald : « Renvoyons le coupable devant son juge naturel.» Une telle législation n'était point faite pour résister aux idées libérales qui se développèrent à l'abri du gouvernement constitutionnel et de la liberté de la presse, son complément indispensable. M. Guizot, dans une brochure devenue promptement célèbre, et qui est peut-être une des plus nobles actions de sa vie (1), attaqua d'abord la peine de mort en matière politique. D'autres, comme Lafayette, le marquis de Pastoret, La Rochefoucauld, Destutt de Tracy, Béranger, en demandaient aussi la suppression en matière civile. En 1826, la Société de la morale chrétienne mettait la question au concours, et sur onze concurrents dix conclurent pour l'abolition de l'échafaud. Au nombre de ces derniers, il faut compter le lauréat M. Charles Lucas, dont le mémoire, couronné presque en même temps à Paris et à Genève, fit le tour de l'Europe. Cet écrit provoqua le remarquable travail de M. le duc de Broglie, qui conclut, quoique d'une manière réservée, à la suppression de la peine de mort. Ainsi conclut aussi le *Traité de droit pénal* de M. Rossi.

Sous l'influence de tous ces ouvrages, les auteurs de la révolution de 1830, les héros de juillet, comme on les appelait alors, adressèrent à la Chambre des députés, au lendemain de leur victoire, une pétition en faveur de la même cause, mais dont le but immédiat était de sauver de l'échafaud les ministres de Charles X, alors prisonniers au Luxembourg comme prévenus du crime de haute trahison. Tel était aussi le sens de la proposition que M. Victor de Tracy soumettait dans le même moment à la chambre élective. Sur le rapport favorable

(1) *De la peine de mort en matière politique*, in-8. Paris, 1822.

de M. Béranger, et après une discussion brillante, la Chambre des députés, dans sa séance du 8 octobre 1830, fut amenée à voter une adresse au roi pour solliciter de son gouvernement un projet de loi conforme au principe de la proposition. Ce projet de loi n'a jamais été présenté; mais les efforts de tant de généreux esprits n'ont pas été perdus; tout ce qui pouvait aggraver la peine de mort, tout ce qui ressemblait à un supplice, a a disparu : la marque, l'exposition, la mutilation des parricides et des régicides. Elle a disparu elle-même de l'ordre politique, et ne tient plus qu'une place très-restreinte dans l'ordre civil; elle a cessé d'être infligée aux faux monnayeurs; elle cesse de menacer l'incendiaire quand son attentat n'a pas été dirigé contre une maison habitée. Grâce aux circonstances atténuantes, elle n'est plus jamais appliquée à l'infanticide, elle l'est rarement même en cas de meurtre commis avec préméditation. Ne peut-on pas dès ce moment prévoir le jour où elle sera complétement abolie? Et pourquoi ne le serait-elle pas? Voici les arguments qui ont été allégués tant par ses défenseurs que par ses adversaires; on verra que le choix ne peut pas être un instant douteux, quand même il ne serait pas décidé d'avance par les faits que nous venons d'exposer.

Les défenseurs de la peine de mort, ayant renoncé aux supplices, ont renoncé par là même au principe de l'expiation, qui faisait toute leur force, et qui est, comme nous l'avons démontré, l'unique base du système de de Maistre. Ils ne peuvent plus invoquer que la tradition et le droit, le droit abstrait, métaphysique, dont l'usage reste toujours soumis aux appréciations de la raison et à l'empire des circonstances. La peine de mort, disent-ils, a été en usage dans tous les temps; elle est inscrite dans les codes de toutes les nations. Si les applications en ont varié à l'infini et sont devenues de moins en moins fréquentes, le principe n'en a jamais été contesté avant le XVIIIe siècle. La peine de mort, disent-ils encore, rentre dans le droit de légitime défense. Pour défendre ma vie, je puis donner la mort à un injuste agresseur; comment la société n'aurait-elle pas le même pouvoir, ou comment ne pourrait-elle pas l'exercer pour le compte des individus qu'elle renferme dans son sein, pour le compte des individus qu'elle a dépouillés de leur droit naturel de défense, afin de se substituer à leur place et de leur procurer d'une manière d'autant plus infaillible la sécurité et la liberté?

De ces deux arguments, le premier est absolument dépourvu de valeur; car il n'y a pas une injustice, pas une erreur en faveur de laquelle on ne puisse également invoquer l'autorité de la tradition et de l'usage. L'esclavage, le droit d'aînesse, les priviléges de race, les persécutions religieuses, les supplices de toute espèce ont été consacrés pendant longtemps chez presque toutes les nations : qui oserait cependant les défendre aujourd'hui, à moins d'appartenir à cette école de sophistes incorrigibles qui semblent avoir pour mission de faire l'apologie du passé pour nous rendre d'autant plus glorieux du présent et nous donner plus de courage pour hâter l'accomplissement des promesses de l'avenir?

La seconde proposition des défenseurs de la peine de mort est vraie : la société a le droit de se défendre, et si elle ne pouvait être défendue que par la peine de mort, cette peine serait parfaitement légitime. Il ne serait pas nécessaire, pour admettre cette conséquence, que la société tout entière fût en danger, ainsi que l'ont soutenu les partisans outrés de l'abolition de l'échafaud. Il suffirait que la vie des particuliers fût menacée par un excès d'indulgence, car, encore une fois, dans l'ordre social, le droit personnel de défense est entre les mains de la société, et le droit de défense ou de répression s'exerce alors par voie d'intimidation. Il n'est pas vrai, comme on l'a dit encore, que la vie de l'homme soit inviolable : la vie de l'homme n'est pas plus ni autrement inviolable que la liberté. L'inviolabilité n'existe que dans les limites de nos droits ; elle cesse aussitôt que nous sortons de nos droits pour attaquer ceux d'autrui. La liberté, quand elle est devenue un instrument d'agression, peut être suspendue ; la vie du coupable, quand elle est devenue un danger pour la vie de l'innocent, peut être sacrifiée. Mais ce sacrifice est-il nécessaire? ce sacrifice est-il utile? ce sacrifice peut-il être accompli sans danger pour l'innocent qu'on veut défendre, sans danger pour le crime qu'on veut réprimer? Voilà où est toute la question ; elle n'est pas ailleurs, et c'est ici que les adversaires de la peine de mort n'ont jamais été réfutés et sont irréfutables.

Il faut remarquer d'abord que c'est moins la violence que la sûreté de la répression qui agit sur les coupables.

Dans les temps de désordres, d'anarchie, de faiblesse, quand les moyens d'échapper aux rigueurs de la justice étaient nombreux et faciles, la peine de mort pouvait avoir sa raison d'être. Aujourd'hui elle ne peut rien sur les scélérats endurcis, elle est de trop avec ceux que pourrait contenir et effrayer un moindre mal. « C'est un mauvais quart d'heure à passer, » disait Cartouche en parlant de son prochain supplice. Ainsi parlent et pensent tous ses pareils, surtout depuis que la société a renoncé aux horribles exécutions. Cela est tellement vrai, qu'il y a des criminels condamnés aux travaux forcés qui ont trempé à dessein leurs mains dans le sang, qui ont assassiné leurs gardiens ou leurs compagnons de chaîne pour monter sur l'échafaud. L'échafaud n'arrêtera pas ceux qui tuent par vengeance, par jalousie, par haine, parce que toutes ces passions bravent la mort, et bravant la mort, elles deviennent sur le lieu du supplice un objet d'admiration plutôt que d'horreur. L'échafaud n'est pas nécessaire pour arrêter des criminels d'un autre ordre; la prison perpétuelle, la prison cellulaire suffisent pour effrayer leur imagination. La peine de mort n'est donc ni nécessaire ni utile. Un savant criminaliste a fait cette observation, que tous les condamnés à mort qu'il avait visités dans leurs cachots avaient assisté à plusieurs exécutions capitales.

Maintenant faut-il croire qu'une peine irréparable comme la peine de mort puisse être appliquée sans danger pour l'innocence, et par conséquent pour la justice même, dont le respect est la première garantie de la société? Non, M. Lucas a relevé dans l'espace de six mois seulement, pendant l'année 1826, jusqu'à huit condamnations à mort prononcées contre des innocents. Et comment l'innocence des condamnés a-t-elle été constatée? Par l'arrêt d'un autre jury devant lequel ils ont été traduits en vertu d'un arrêt de la Cour de cassation. La Rochefoucauld s'est convaincu que pendant une période de vingt ans, six arrêts de mort ont été cassés annuellement, et les condamnés, renvoyés devant un autre jury, ont été acquittés. Voilà un argument péremptoire devant lequel doit s'abaisser tout esprit de système. Enfin la peine de mort, loin d'être exemplaire, est profondément corruptrice; elle accoutume la foule à la vue du sang; elle lui offre un spectacle odieux et propre à endurcir les cœurs; elle lui apprend que la vie de l'homme est sans prix et l'accoutume à la mépriser. Elle la porte au meurtre par la loi de l'imitation.

Le sage législateur doit moins chercher à punir le crime qu'à le prévenir. On le prévient par la distribution libérale de l'instruction et de l'éducation, et par une sage dispensation des travaux publics, afin d'offrir un aliment au travail et d'opposer un frein à la misère. Toutes les déclamations contre la perversité humaine échouent devant ces deux faits : ce sont des misérables et ce sont des ignorants qui commettent les plus grands crimes, et qui fournissent les plus nombreux candidats à l'échafaud. Efforçons-nous donc de combattre la misère en encourageant tous les arts de la paix, en multipliant les sources du crédit et du travail. Répandons à profusion l'instruction dans les masses populaires; rappelons-nous que le tiers au moins de la population de la France ne sait encore ni lire ni écrire; ne reculons pas devant un moyen que la morale autorise et que l'humanité exige, rendons l'instruction primaire obligatoire. Les instituteurs rendront inutiles les bourreaux. En multipliant les écoles, on se passera de ce prétendu miracle qui fait naître tout exprès un bourreau pour chaque ville où siége une cour d'assises.

FIN.

TABLE DES MATIÈRES

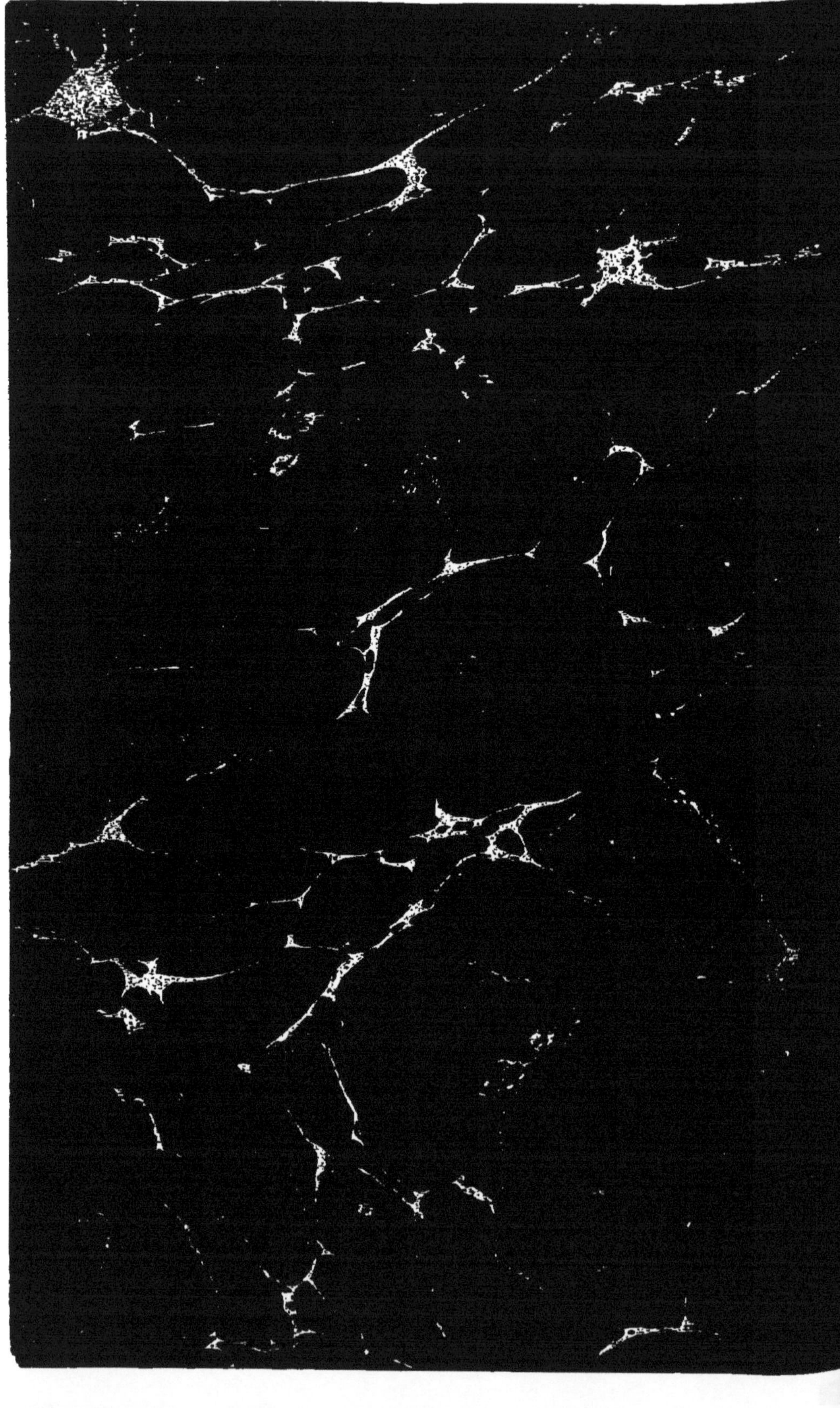

www.ingramcontent.com/pod-product-compliance
Ingram Content Group UK Ltd.
Pitfield, Milton Keynes, MK11 3LW, UK
UKHW021102230726
13926UKWH00004B/1979

9 782013 693783